Sie sind uns näher, als wir denken

Sie sind uns näher, als wir denken

Von Menschen und Mikroben

von

Lothar Beutin

Edition Milestone, Berlin

Dr. *Lothar Beutin*, Mikrobiologe. Studium der Biologie an der Freien Universität (FU)-Berlin, Diplom- und Promotionsarbeit am Max-Planck-Institut für molekulare Genetik in Berlin. Habilitation und Lehrtätigkeit im Fach Mikrobiologie an der FU-Berlin. Aufbau des Arbeitsgebietes Mutagenitätsprüfung am Bundesgesundheitsamt in Berlin. Stipendiat der Deutschen Forschungsgemeinschaft am Institut Pasteur in Paris. Forschungstätigkeit in der Bakteriologie, Toxikologie und der biologischen Gefahrenabwehr am Robert-Koch-Institut in Berlin. Leiter des „Nationalen Referenzlabors für Escherichia coli" am Bundesinstitut für Risikobewertung.

Lothar Beutin ist Verfasser und Coautor von mehr als 170 wissenschaftlichen Veröffentlichungen und Fachbüchern auf dem Gebiet der Mikrobiologie. Seit 2009 schreibt er Sachbücher und Wissenschaftskriminalromane zu den Themen:

Bioterrorismus: RIZIN (2011), Seuchen: EHEC-ALARM (2013) Lebensmittelvergifter: FALLOBST (2015), Nervengifte: MUTTIS ERBEN (2017), Bakterien & Viren: VON MENSCHEN UND MIKROBEN (2020).   https://lothar-beutin.de/

2. erweiterte und aktualisierte Auflage, 2021

© 2021 Lothar Beutin

Herstellung und Verlag: BoD - Books on Demand, Norderstedt

lotharbeutin@gmx.de

ISBN: 9783753420097

Zu diesem Buch

Wo immer wir uns auch auf der Welt befinden, sind wir von Mikroorganismen umgeben. Sie waren die ersten Besiedler der unbelebten Erde und wir Menschen, wie alle anderen Lebewesen, sind abhängig von der Kooperation mit Bakterien und Viren. Unsere Beziehungen mit den Mikroorganismen gehen weit über das Entstehen von Krankheiten hinaus. Bakterien und Viren sind elementare Bestandteile unseres Körpers, wie auch aller anderen Lebewesen. Die ferne unsichtbare Welt, die uns doch so nahe ist, bestimmt unser Leben mehr, als manche Ereignisse, denen wir jeden Tag große Bedeutung beimessen.

Seit über einem Jahr beherrscht die Covid-19-Pandemie unser Leben. Schlagzeilen und Schreckensmeldungen verbreiten Unsicherheit und Angst. Doch sagen sie uns nichts über die Ursachen und Hintergründe von Infektionskrankheiten. Wissen ist die erste Voraussetzung, um mit einer Bedrohung besser umgehen zu können. Wenn Ihnen das Buch dabei hilft, würde ich mich sehr freuen.

Mit dem Gedanken, naturwissenschaftliche Erkenntnisse möglichst anschaulich zu beschreiben, habe ich das Buch verfasst. Jedes Kapitel ist so geschrieben, dass es auch für sich allein gelesen werden kann. Falls erforderlich, verweise ich auf weitere Kapitel mit der entsprechenden Nummer, z. B. [1]. Nicht immer vermeidbare, *kursiv* hervorgehobenen Fachbegriffe sind im Glossar kurz erklärt.

Wer noch mehr erfahren möchte: Bei der Stichwortsuche findet man vieles in Pressemitteilungen und Online-Nachschlagwerken. Seien Sie kritisch, wenn die Quellen fehlen und die Verfasser nicht namentlich benannt sind. Bei Fachpublikationen stehen die Autoren mit ihren Namen und Institutionen in der Verantwortung. Relevante Originalarbeiten finden Sie im Literaturverzeichnis.

Für das Verständnis dieses Buches ist es nicht erforderlich, sich in die englischsprachigen Originalarbeiten einzulesen. Wie immer Sie es auch angehen, lassen Sie sich also für ein paar entspannte Stunden in Welten entführen, die Sie so bisher nicht gekannt haben.

Berlin, im Februar 2021   Lothar Beutin

Inhaltsverzeichnis

1. Sie sind uns näher, als wir denken

Wo kommen wir her? Wo gehen wir hin? Fragen, die Philosophen, Wissenschaftler und Religionsgelehrte unterschiedlich beantworten und die vielleicht nie endgültig beantwortet sein werden. Die Zukunft liegt im Dunkeln, doch unsere Vergangenheit kann man zumindest beleuchten. Wenn wir den Aufbau unserer Körperzellen mit denen anderer vielzelliger Organismen vergleichen, finden wir viele Gemeinsamkeiten, die auf eine Wurzel zurückzuführen sind.

Unser aller Ursprung liegt in einer *Symbiose* zwischen den zellkernlosen Bakterien (*Prokaryonten*) und den Vorläufern der zellkernhaltigen Zellen (*Eukaryonten*). Über die Herkunft der *Eukaryonten* ist so gut wie nichts bekannt, es wird jedoch vermutet, dass diese sich aus den Urbakterien (*Archaeen*) entwickelt haben.

Zu den heutigen *Eukaryonten* gehören sämtliche höheren Lebewesen, einschließlich uns Menschen. Unser bakterieller Urahne ist in jeder unserer Körperzellen zu finden, mit Ausnahme der roten Blutkörperchen. Die Nachkommen der in unsere Zellen „eingewanderten" Bakterien nennt man *Mitochondrien*.

Mitochondrien entsprechen mit circa einem tausendstel Millimeter (0,5–1,5 µm) Größe den Abmessungen von Bakterien. Genau wie diese sind die *Mitochondrien* von einer biologischen Membran umgrenzt. Als abgeschlossene *Organellen* im Inneren unserer Körperzellen führen sie spezielle Aufgaben aus, die für den Gesamtorganismus unabdingbar sind.

Ein entscheidender Beitrag der *Mitochondrien* besteht in der Produktion von Energie durch ATP (*Adenosintriphosphat*). ATP ist ein chemischer Energieträger, der für die Durchführung von Stoffwechselprozessen zuständig ist. Deshalb bezeichnet man die *Mitochondrien* auch als „Kraftwerke der Zellen".

Die *Mitochondrien* sind, mit Ausnahme des Fischparasiten *Henneguya salminicola*, bei allen höheren Lebewesen vorhanden. Sie werden mit der Eizelle der Mutter an den sich nach der Befruchtung daraus entwickelnden Embryo weitergegeben.

Mitochondrien gleichen in vielen ihrer Merkmale den Bakterien. Wie diese enthalten sie eine ringförmige *DNA (Desoxyribonukleinsäure)* als Erbsubstanz und vermehren sich durch Teilung. Dies geschieht unabhängig von der Wirtszelle, sodass in einigen Körperzellen diese „Kraftwerke" in Tausenden von Exemplaren vorliegen. Auch die für die Eiweißproduktion benötigte *RNA (Ribonukleinsäure)* der *Mitochondrien* ähnelt der bakteriellen *RNA* mehr, als der *RNA* ihrer menschlichen Wirtszelle.

Die Gemeinsamkeiten zwischen den *Mitochondrien* und den Bakterien führten zur Begründung der *Endosymbiontentheorie*. Sie besagt, dass *Mitochondrien* und andere Zellorganellen sämtlich bakteriellen Ursprungs sind. Was vor Milliarden Jahren in der Evolution der vielzelligen Organismen und letztendlich auch von uns Menschen im Einzelnen passierte, ist nicht genau bekannt.

Bis heute führt diese Frage in der Wissenschaft zu kontroversen Diskussionen. Man vermutet, dass dramatische Umweltveränderungen wie der steigende Sauerstoffgehalt in der Atmosphäre in der Frühzeit der Erde für diese Prozesse mit verantwortlich waren.

Waren es zwei kernlose *Prokaryonten*, die sich zu einem kernhaltigen *Eukaryonten* zusammenschlossen? Oder war es eine *Eukaryontenzelle*, die einen *Prokaryonten* in sich aufnahm und mit ihm eine *Symbiose* einging?

Wir wissen es nicht!

Tatsache ist, dass viel erfolgreichere Organismen aus dieser Verbindung entstanden. Leistungsfähiger, weil diese Lebewesen aus dem Abbau des Zuckers *Glucose* mit Hilfe der *Mitochondrien* mehr Energie gewinnen konnten.

Die Aufnahme von weiteren *Endosymbionten,* den *Chloroplasten,* ermöglichte es den Grünalgen, Flechten und Pflanzen, mit der *Photosynthese* das Sonnenlicht als Energiequelle für die Produktion von *Glucose* zu nutzen.

Protobakterien und *Cyanobakterien* heißen die Urmikroben, die vermutlich an der Entstehung der *Mitochondrien* beziehungsweise der *Chloroplasten* beteiligt waren. Unabhängig davon, auf welchen Wegen es zu diesen Verbindungen kam, steht eines fest: Bakterien haben in der Frühzeit der Evolution als Schubgeber in unsere Entwicklung eingegriffen. Sie sind untrennbarer Bestandteil aller gegenwärtig lebenden Tiere und Pflanzen, einschließlich des Menschen.

Ohne unsere bakteriellen *Symbionten* wäre kein tierisches und pflanzliches Leben, so wie wir es kennen, möglich. Auch der Sauerstoff in der Luft, der für unsere Existenz unabdingbar ist, stammt überwiegend aus der Arbeit der *Chloroplasten.*

Doch nicht nur die Bakterien, auch einige Viren haben sich tief in unsere Zellen eingenistet. So tief, dass sie schon vor langer Zeit Teil unseres Erbgutes geworden sind. Die *humanen endogenen Retroviren (HERV)* umfassen etwa acht Prozent unseres auf sechsundvierzig *Chromosomen* verteilten Genmaterials. Man vermutet, dass die *HERV* sich vor fünfundzwanzig Millionen Jahren in das Erbgut der *Primaten* integriert haben. Über die natürliche Fortpflanzung werden sie an zukünftige Generationen weitergegeben.

Zumeist sind nur noch Teile der ursprünglichen *Retroviren* in unseren *Chromosomen* zu finden. Jedoch blieben einige Funktionen der *HERV* erhalten und übernahmen im Verlauf der Evolution eine Schlüsselrolle bei der Entwicklung der höheren Säugetiere. Hierbei handelt es sich um die *Syncytine,* ihrer Herkunft nach Hüllproteine der *Retroviren*. Bei uns Menschen werden die *Syncytine* nur während der Schwangerschaft produziert und haben dort eine neue Aufgabe beim Aufbau der Plazenta und zum Schutz des Embryos gegen Abstoßung übernommen. Die ursprünglich aus Viren stammenden *Syncytine* wurden somit lebensnotwendig für die Fortpflanzung des Menschen und der höheren Säugetiere.

Auch infektiöse Viren haben eine stimulierende Wirkung auf die Entwicklung unseres Immunsystems, das sich im Verlauf der Evolution zu einem mächtigen Instrument der Infektionsabwehr entwickelt hat.

*

Doch das ist nur der erste Teil der Geschichte, die unsere Vorstellung verblassen lässt, der Mensch sei ein für sich abgeschotteter Organismus. Denn nicht nur innerhalb unserer Körperzellen sind uns die Bakterien näher, als wir denken, genauso verhält es sich auch auf den Körperoberflächen. Unsere Haut, die Schleimhäute und der Verdauungstrakt sind mit einer Menge von Mikroorganismen besiedelt, die mit über einhundert Billionen (100.000.000.000.000) die Anzahl unserer Körperzellen um 10–100 Billionen übersteigt.

Ein Mikrobiologe stellte daher einmal die Frage: Wer parasitiert hier eigentlich wen? Denn die uns bewohnenden Mikroorganismen sind zahlenmäßig in der Mehrheit und könnten theoretisch ihre Hauptrolle beanspruchen. Tatsächlich stehen wir erst am Anfang, die Wirkung der mikrobiellen Flora (*Mikrobiom*) auf unseren Organismus zu ermessen.

Wir wissen bereits, dass die Darmflora einen Einfluss auf den Stoffwechsel, die Gewichtszunahme und das psychische Wohlbefinden hat. Ebenso auf die Ausbildung unseres Immunsystems, die Entstehung von Entzündungen und sogar von Krankheiten wie Krebs. Durch seine unterschiedliche Zusammensetzung erfüllt das *Mikrobiom* vielfältige Aufgaben. Es dient zu unserem Schutz, doch im Fall eines Ungleichgewichts kann es auch zu unserem Schaden gereichen.

Eines steht auf jeden Fall fest: Unser Organismus existiert nur im Zusammenspiel mit einer Vielzahl uns bewohnender Mikroorganismen. Viele davon üben, von uns unbemerkt, entscheidende Aufgaben für die Verdauung, das Wohlbefinden und unsere Gesundheit aus. Im Fokus der Öffentlichkeit steht oft nur eine Minderheit, denn weniger als fünf Prozent der Mikroben gehören zu den krankmachenden (*pathogenen*) Vertretern, die uns schaden.

Mikroorganismen sind uns also in jeder Hinsicht viel näher, als wir denken. Als einzelne Zellen sind sie nur unter dem Mikroskop zu sehen, sie machen in ihrer Gesamtheit jedoch zehn bis dreißig Prozent der Biomasse auf dem Planeten Erde aus. Es lohnt sich daher, mehr über sie zu erfahren. Sie gehören zu den erfolgreichsten Lebewesen, wenn man bedenkt, dass sie seit Anbeginn des Lebens vor Milliarden von Jahren auf unserem Planeten eine entscheidende Rolle spielen. Was wir von ihnen lernen können, wie wir mit ihnen leben und wie ähnlich und unähnlich sie uns sind, ist Gegenstand dieses Buches.

2. Kleine Mikrobe, große Wirkung! Unsere Darmflora und wir

Jeder Mensch und jedes Tier trägt sein eigenes komplexes Ökosystem im Magen-Darm-Trakt. Er hat bei uns Menschen eine Länge von circa sechseinhalb Metern und beherbergt die verschiedensten Organismen. Zu den Bewohnern dieser dunklen Welt gehören Bakterien, Pilze, Protozoen und Viren. Am dichtesten ist das Gedränge im Dickdarm, wo sich in einem tausendstel Liter Darminhalt hundert Milliarden Mikroben tummeln. Unsere bakteriellen Mitbewohner (*Kommensalen*) umfassen zwischen 150 bis 400 unterschiedliche Arten. In ihrer Zahl übertreffen die Darmbewohner unsere Körperzellen um das Zehnfache.

Noch bescheidener ist die Bilanz, wenn man die Stoffwechselleistungen des Menschen mit denen seiner Mikroben vergleicht. Wo wir Menschen über 23.000 Gene verfügen, weist die Gesamtheit der Darmbakterien mit drei bis vier Millionen verschiedener Gene mehr als das hundertfache davon auf. Daher ist es nicht verwunderlich, dass das *Mikrobiom*, als Gesamtheit aller Mikroorganismen im Ökosystem Darm, über viele zusätzliche Leistungen verfügt, zu denen der menschliche Stoffwechsel nicht befähigt ist.

Zu diesen gehört die Produktion einer Vielzahl von bakteriellen Produkten (*Metaboliten*), die an unserem Stoffwechsel mitwirken. Viele davon sind für uns Menschen lebensnotwendig. Unser Befinden, die Stimmung, Gesundheit und Krankheit sind mehr vom Zustand des Ökosystems Darm abhängig, als es uns bewusst ist.

Zwar bestimmen auch unsere Gene, ob wir eine Veranlagung haben, gewisse Krankheiten zu entwickeln. Ungeachtet dessen haben unsere Ernährung und unser Lebensstil Einfluss darauf, wie sich die Darmflora zusammensetzt und dementsprechend auf unsere körperliche und seelische Gesundheit zurückwirkt.

Doch wie kommen die Mikroorganismen überhaupt in unseren Körper? Bei einer natürlichen Geburt besiedeln Bakterien aus der Scheidenflora der Mutter das Neugeborene. Von diesem Moment an bestimmen unsere Nahrung, Kontakte, Infektionen, Medikamente und viele Stoffwechselprozesse die Zusammensetzung der Bewohner des Ökosystems Darm. Es sind veränderliche Prozesse, die von vielfältigen Einwirkungen abhängig sind.

Idealerweise lebt der menschliche Wirt mit seiner Darmflora in einer *Symbiose* zum gegenseitigen Nutzen. Wobei die Bakterien von unserer Nahrung profitieren und wir von den Stoffwechselleistungen der Darmbewohner. Sie erschließen für uns unverdauliche Nahrungsbestandteile und liefern uns damit Energie und notwendige Substanzen wie Vitamine und essentielle *Aminosäuren*. Darüber hinaus schützen sie unseren Körper vor Ansiedlung von Krankheitserregern. Sie trainieren unser Immunsystem, damit es mit den *Kommensalen* aus der Darmflora kooperiert und schädliche Mikroorganismen und Giftstoffe bekämpft. Ein intaktes *Mikrobiom* fördert die Stabilität der Darmbarriere und den Erhalt der physiologischen Körperfunktionen.

Gerät das Ökosystem Darm durch Störungen in ein Ungleichgewicht (*Dysbiose*), können Schädigungen des Organismus die Folge sein. Durch diesen Zusammenhang erkannte man, auf welche Weise das *Mikrobiom* Einfluss auf unsere körperliche und seelische Gesundheit nimmt. Heute ist man in der Lage, mit Hilfe der *DNA-Sequenzierung* das *Metagenom*, als die Summe der im Darm vorherrschenden Mikroorganismen, aufzuschlüsseln. Mit dieser Hilfe kann man die dort vorhandenen Bakterien sowie ihre Stoffwechselprodukte identifizieren.

Somit ist es möglich, die Gesamtheit der Bakterien des *Mikrobioms* quantitativ und qualitativ besser zu erfassen. Vergleicht man die Zusammensetzung des *Mikrobioms* von Menschen aus westlichen Industriestaaten mit dem von Bewohnern ländlicher

Gebiete in den Entwicklungsländern, finden sich charakteristische Unterschiede.

Das Leben in einer industrialisierten Gesellschaft hat im Vergleich zur bäuerlichen Lebensweise einen Rückgang der mikrobiellen Artenvielfalt bis zu einem Drittel zur Folge. Manche Bakterienarten verschwinden dabei völlig. Ein Phänomen, das an die Auswirkungen der Industriegesellschaft auf die uns umgebene Tier- und Pflanzenwelt erinnert!

Mit der unterschiedlichen Lebensweise ihrer menschlichen Wirte ändert sich auch der Einfluss der in der Darmflora vorherrschenden Hauptgruppen von Bakterien (*Bacteroides* und *Firmicutes*). Ein Übermaß an *Firmicutes* steht, ebenso wie der Rückgang der mikrobiellen Artenvielfalt mit Fettstoffwechselstörungen und Diabetes in Zusammenhang. Diese und andere Beobachtungen zeigen, dass die Beziehung zwischen uns und unserer Darmflora tiefgehender ist, als es scheint. Ob jemand ein „guter" oder ein „schlechter" Futterverwerter ist, hängt in manchen Fällen mehr mit seinem *Mikrobiom*, als mit seinen genetischen Anlagen selbst zusammen.

Änderungen in der Zusammensetzung der Darmflora sind vor allem ein Resultat unserer Lebensweise und unserer Kontakte mit der Umwelt und anderen Lebewesen. Der Ernährung kommt dabei das größte Gewicht zu. Der Satz „Du bist, was du isst" erhält hier eine zusätzliche Bedeutung! Denn es sind nicht nur die Nahrungsmittel, sondern die sich daraus ergebenen Verschiebungen im *Mikrobiom*, die unser Wohlbefinden bestimmen. Ob wir mehr pflanzliche, tierische oder eher gemischte Kost bevorzugen, hat einen über die Darmflora vermittelten, direkten Einfluss auf unsere Gesundheit.

Wie kommt es dazu?

Der Darm, mit seinen Milliarden von Bewohnern ist vom restlichen Teil des Körpers nur durch eine schmale Barriere einer von Immunzellen durchzogenen, einschichtigen *Epithelzell-schicht* getrennt. Unter dem von schützendem Schleim überdeckten *Epithel* liegt das von Blutgefäßen, Nerven und Lymphgefäßen besetzte Bindegewebe. Die Kommunikation zwischen Darmflora und unserem Organismus findet an diesen Gewebeschichten statt.

Je nach Art der Nahrungszufuhr ändert sich die Zusammensetzung des *Mikrobioms.* Überwiegender Verzehr von Fleisch und gesättigten Fetten in Verbindung mit einer zu geringen Menge an Ballaststoffen fördert Bakterienspezies, die mit Dickdarmentzündungen und kardiovaskulären Erkrankungen in Zusammenhang stehen. Ein Mehr an pflanzlicher Nahrung und an Ballaststoffen unterstützt wiederum Bakterienarten, die Entzündungen entgegenwirken und die Darmbarriere und das Immunsystem stärken. Die Steuerung dieser Abläufe erfolgt durch die unterschiedlichen Stoffwechselprodukte der Bakterien, wie Aminosäuren, Fettsäuren, Cholesterin, Vitamine und andere.

Eine wichtige Rolle hierbei spielen kurzkettige Fettsäuren (*SCFAs*), wie Essigsäure, Propionsäure und Buttersäure. *SCFAs* entstehen beim Abbau von für uns unverdaulichen Ballaststoffen (Kohlenhydrate) durch die Darmbakterien. Die *SCFAs* verteilen sich über die Blutbahn im Körper und dienen als Energiequelle für die Darmzellen, die Leber und die Muskeln. Doch auch das Immunsystem, das Hungergefühl und nicht zuletzt die sexuelle Anziehung werden durch *SCFAs* mit gesteuert.

Eine ballaststoffreiche Ernährung steigert die bakterielle *SCFA*-Produktion und wirkt der Entstehung von Dickdarmkrebs entgegen. Ein Übermaß an tierischer, ballaststoffarmer Nahrung führt zu einem niedrigeren *SCFA*-Spiegel und erhöht das Risiko für Fettsucht und Diabetes. Doch auch das Mengenverhältnis zwischen den im Darm gebildeten *SCFAs* ist mitentscheidend für unseren Gesundheitszustand.

So fördert ein Übermaß an Essigsäure gepaart mit einem Mangel an Buttersäure chronische Entzündungen, Gewichtszunahme und Diabetes. Chronische Darmentzündungen mindern die schützende Schleimschicht über dem Darm*epithel*. Dies führt zu einer erhöhten Durchlässigkeit der Darmwand, dem sogenannten *Leaky Gut Syndrom*. Dadurch gelangen schädliche bakterielle Stoffwechselprodukte aus dem Darm in unseren Körper und begünstigen dort Entzündungsprozesse und Krebserkrankungen.

An den von einem *dysbiotischen Mikrobiom* verursachten Gesundheitsstörungen sind Faktoren vieler unterschiedlicher Bakterienspezies verantwortlich. Nur wenige einzelne Bakterienarten wurden direkt mit der Entstehung von Krankheiten in Zusammenhang gebracht. Zu diesen gehören *Helicobacter pylori* und *Fusobacterium nucleatum*, die Geschwüre und Krebs im Magen-Darm-System verursachen können.

*

Durch seine unterschiedlichen *Metaboliten* wirkt das *Mikrobiom* auch auf die Nervenzellen des *vegetativen Systems*. Man spricht dabei von der Darm-Gehirn-Achse. Das *vegetative Nervensystem* reguliert die Tätigkeit der inneren Organe und steuert unter anderem die Körpertemperatur, den Blutdruck, den Schlaf-Wach-Rhythmus und die Stressantwort durch Freisetzung von Hormonen.

Menschen mit einer Depressionskrankheit zeigen häufig typische Veränderungen in der Zusammensetzung ihres Darm*mikrobioms*. Bestimmte bakterielle Stoffwechselprodukte beeinflussen unsere Stimmungen, Gefühle und den Antrieb. Eine wichtige Rolle kommt hierbei der *Aminosäure* Tryptophan zu. Es fungiert als Vorstufe des *Neurotransmitters* und Stimmungsaufhellers *Serotonin*, sowie des den Schlaf fördernden Hormons *Melatonin*. Auch andere *Metaboliten* des *Mikrobioms* wurden identifiziert, die Depressionszeichen wie Antriebsarmut und

Angstzustände verstärken oder abschwächen können.

Ein aus der Balance geratenes *Mikrobiom* kann den Appetit auf bestimmte Speisen, das Hungergefühl und die Tendenz zur Fettsucht steigern. Das Hungergefühl wird durch Nervenzellen, die das Hormon *Leptin* als sogenannten „Sättigungswächter" binden, gesteuert. *Leptin* wird von den Fettzellen unseres Körpers produziert und ins Blut abgegeben.

Bakterielle Zellwandbestandteile, die beim *Leaky Gut Syndrom* vermehrt ins Blut geraten, verhindern die Bindung des *Leptins* an die Nervenzellen. Dadurch stellt sich ein Sättigungsgefühl auch nach ausreichender Mahlzeit nicht mehr ein, was die übermäßige Nahrungsaufnahme fördert.

Wie direkt das *Mikrobiom* in die Gesundheit und das Wohlbefinden eingreift, wies man mit fäkaler Transplantation an Tieren nach. Man nahm dafür keimfrei gehaltene Mäuse, denen man Darmbakterien von „fettsüchtigen" bzw. normale Mäusen übertrug. Je nachdem entwickelten die auf diese Weise behandelten Mäuse den adipösen bzw. schlanken *Phänotyp*.

In der Veterinärmedizin wird zur Behandlung von Hunden mit chronischem Durchfall die Kottransplantation von gesunden Hunden direkt in den Magen-Darm-Trakt angewendet. Hierdurch wird eine *Dysbiose* als Ursache für die Durchfallerkrankung bekämpft.

Auch in der Humanmedizin gibt es entsprechende Therapien gegen chronisch entzündliche Darmerkrankungen, wobei die Darmbakterien in Form von Kapseln verabreicht werden. Weiterhin hat sich auch der Einsatz von *Präbiotika* als Nährstoffe, die das Wachstum von heilsamen Mikroorganismen fördern, als hilfreich erwiesen. Ebenso werden Bakterien als *Probiotika*, wie Bifidobakterien und Laktobazillen, gegen Durchfall und Dickdarmentzündungen eingesetzt. Beispielsweise, wenn nach einer Therapie mit Antibiotika die Darmflora gestört ist.

Die Verbindung und das Zusammenspiel zwischen uns Menschen und unseren mikrobiellen Bewohnern sind so eng verflochten, dass wir uns getrost als *Holobiont* bezeichnen können. Ein Gesamtlebewesen aus vielen mikrobiellen mit einer höheren *Spezies*, wobei das Gesamtergebnis viel mehr als die Summe der „Einzelteile" darstellt.

Man kann diese Vorstellung auf die gesamte belebte Welt ausdehnen und diese mit ihren unzähligen Verknüpfungen und Abhängigkeiten zwischen den Lebewesen ebenso als einen Gesamtorganismus begreifen.

3. Vom Kollektivstaat der Mikroben

Am Beispiel der *Mitochondrien* und der körpereigenen Bakterienflora sehen wir, wie eng unser physischer Leib mit dem Mikrokosmos verbunden ist. Das darf uns nicht darüber hinwegtäuschen, dass Bakterien ihren eigenen Gesetzen folgen, die sich von unserer Lebensweise grundsätzlich unterscheiden.

Im Gegensatz zu uns Menschen sind Mikroben keine individuellen Wesen, sondern jede einzelne Bakterienzelle ist Bestandteil eines Kollektivs, genauer gesagt, ihrer *Spezies*. Diese gilt es zu erhalten und sonst nichts.

Jedes Bakterium hat somit nur eine Aufgabe: Es muss durch seine Existenz die Ansprüche der Artgemeinschaft erfüllen, selbst wenn es das eigene Leben kostet. Gibt es genug Nahrung für alle, dann ist es das einzige Bedürfnis eines Bakteriums, zwei zu werden, um für die Weiterverbreitung seiner Art zu sorgen. Überspitzt gesagt, sind die Ideen des Kommunismus sowie der Volks- und der Konsumentengemeinschaft, im Mikrokosmos längst verwirklicht.

Der „Lohn" für den Verzicht auf eine individuelle Existenz bei den Bakterien besteht in ihrer relativen Unsterblichkeit. Denn der Begriff der Sterblichkeit, wie wir Menschen ihn kennen, trifft auf Mikroben nicht zu.

Wenn eine Bakterienzelle sich teilt – unter günstigen Umständen geschieht das alle zwanzig bis dreißig Minuten –, findet man keinen prinzipiellen Unterschied zwischen den beiden „neu" entstandenen Zellen. Welche ist die Mutter und welche die Tochterzelle? Von Mutter und Kind in unserem Sinne kann man hier nicht sprechen. Dies trifft ebenso auf deren Nachkommen aus den darauf folgenden Teilungsprozessen zu.

Daher bedeutet das Ende einer einzelnen Bakterienzelle keinen endgültigen, individuellen Tod, so wie wir Menschen ihn kennen. Denn unzählige aus den vorherigen Teilungen hervorgegangene *Klone* leben weiter und pflanzen sich fort. Verabreicht man einer Bakterienkultur regelmäßig Nährstoffe und leitet gleichzeitig ihre Abfälle aus, so teilt sich diese quasi bis in die Unendlichkeit.

Dennoch sterben Bakterien wie jedes andere Lebewesen auch. Man kann sie vergiften, durch Hitze, Trockenheit, Druck und Strahlen töten. Säuren und Laugen, Chemikalien und Antibiotika machen ihnen den Garaus. Außerdem gibt es Viren und andere (Mikro)organismen, die den Bakterien nachstellen. Physiologische Alterungsprozesse durch *oxidativen Stress* finden auch bei Mikroben statt. Doch das Ende einer einzelnen Bakterienzelle betrifft ihre Artgemeinschaft genauso wenig wie der Tod einer Körperzelle unseren Gesamtorganismus. Mikrobielle Lebensformen existieren nur als untergeordneter Teil eines Kollektivs, eines *Klons* ihrer *Spezies*.

Wie alle anderen Lebewesen sind Bakterien gezwungen, sich den ständigen Veränderungen ihrer Umwelt anzupassen. Das haben sie in den Jahrmilliarden ihrer Existenz hinreichend bewiesen. Eine Artgemeinschaft, die aus unzähligen sich autonom vermehrenden Zellen besteht, ist in der Lage, auf Umweltveränderungen zu reagieren, um den Fortbestand ihrer *Spezies* zu sichern. Selbst wenn ein Antibiotikum 99,999 % einer Bakterienpopulation vernichtet, hat das nur für kurze Zeit eine merkliche Wirkung.

Unter den Milliarden *Klonen* findet sich mindestens eine Bakterienzelle, die durch *Mutation* oder Aufnahme von Resistenzeigenschaften gegen diesen Angriff unempfindlich geworden ist. Aus diesem resistenten Bakterium wächst in einem halben Tag eine ebenso zahlreiche Population heran wie jene, aus der sie ursprünglich als einzelne Zelle hervorging.

Gibt es also doch eine Individualität bei den Bakterien?

Unterschiede zwischen den Bakterienzellen findet man durchaus, aber nur durch spontan entstehende genetische Veränderungen, die mit einer Häufigkeit von etwa 0,0025 bei jeder Teilung der Zellen pro *Genom* auftreten. Bei einer *Genom*größe von 4,6 Millionen *DNA*-Bausteinen (*Nukleotiden*) für das Bakterium *E. coli* ist die Frequenz, mit der diese *Mutationen* ein bestimmtes Gen betreffen, entsprechend niedriger. Sie liegt bei 1:100.000 bis zu einer Million.

Solche Erbgutveränderungen werden aber nicht von den Bakterien selbst gesteuert, sondern folgen den durch die Umwelt beeinflussten Mechanismen der *Mutation* und der *Selektion*.

Das Fehlen von individuellem Verhalten ist eine Voraussetzung für die Existenz einer jeden Bakterienspezies. Mikrobenpopulationen entwickeln sich nach menschlichem Verständnis auch nicht weiter, sondern passen sich nur den jeweiligen natürlichen Gegebenheiten an. Das vermögen sie allerdings perfekt und beweisen es schon über einen viel längeren Zeitraum als unsere eigene menschliche *Spezies*.

Für uns Menschen erscheint eine solche „sklavische" Lebensweise undenkbar. Dennoch gab und gibt es in der Geschichte Bestrebungen, ganze Völker und Nationen unter das Joch einer Ideologie zu pressen. Sei es eine Weltanschauung, eine Religion, ein Kollektiv, ein Volkskörper oder auch nur eine Konsumentengemeinschaft. Was es auch sei, die Anpassung an ein gleichmacherisches Gesellschaftssystem bedeutet zwangsläufig einen Verlust an Selbstbestimmung jedes einzelnen Menschen. Dies geht immer mit der Einbuße an Kreativität und geistiger Weiterentwicklung einher.

Die natürliche Bestimmung der Menschen ist aber eine andere als die der Mikroben. Wir sind dazu veranlagt, unsere Persönlichkeit in der Gemeinschaft geistig und kulturell zu entwickeln, um die Menschheit und die Welt als Ganzes voranzubringen.

Die Geschichte hat gezeigt, dass man den Menschen trotz härtester Zwangsmaßnahmen nicht seiner Individualität und der Gedankenfreiheit berauben kann. Anhänger kollektiver Weltanschauungen sollten sich das bewusstmachen, bevor sie anfangen, ihre Ideen „zum Wohle der Menschheit" in Taten umzusetzen.

4. Wachstum, Krebs und was man so Wirtschaft nennt

„Seid fruchtbar und mehrt euch und regt euch auf Erden, dass euer viel darauf werden." So heißt es in der Bibel (1. Mose 9), und die Menschheit hat seit Adam und Eva einiges dazu getan. Ständiges Wachstum bereitet jedoch auch Probleme, wie jeder weiß, wenn die Stichworte Bevölkerungsexplosion, Umweltvergiftung und Rohstoffknappheit fallen.

In der Natur erfährt fortwährender Zuwachs durch diese drei Gegebenheiten immer eine Begrenzung. Experimentell kann man das mit der Wachstumskurve einer abgeschlossenen Bakterienkultur veranschaulichen. Für eine Zeit verdoppelt sich die Bakterienmenge circa alle zwanzig Minuten, bis die Vermehrung nach ein paar Stunden zum Stillstand kommt. Das Letztere geschieht, wenn die Nährstoffe im Kulturmedium verbraucht sind und die Bakterien zunehmend durch ihre eigenen Stoffwechselabfälle vergiftet werden.

Komplexe Ökosysteme unterliegen ebenfalls einem natürlichen Begrenzungsgesetz. Steigt die Anzahl der Füchse so weit an, dass die Menge ihrer Beutetiere zu sehr abnimmt, kommt es zu einer Nahrungsknappheit, welche die Fuchspopulation dezimiert. Damit wird sie auf ein für die Mäuse erträgliches Maß begrenzt. Nimmt die Zahl der Nager infolgedessen wieder zu, werden diese zu einer leichteren Beute für ihre Jäger, die sich erneut vermehren und die Mäusepopulation dezimieren.

Womit wir wieder am Anfang dieses Regelkreises angekommen sind. So verläuft die Entwicklung der Räuber-Beute-Populationen in wellenförmigen, zyklischen Schwankungen, die zudem von weiteren Einflüssen wie dem Wetter, möglichen Seuchen und der Existenz von anderen Nahrungskonkurrenten abhängig sind.

Wir Menschen ignorieren oft das Gesetz von der natürlichen Begrenzung. Ein Beispiel dafür ist die exzessive Zunahme der Bevölkerung in einigen Ländern, welche nicht mit den dort vorhandenen Ressourcen einhergeht. Das ist ebenso chaotisch wie ein globales Wirtschaftssystem, das einseitig auf unbegrenztes Wachstum setzt. Beide Entwicklungen stoßen früher oder später an Schranken, die sich in Umweltzerstörung, Hungersnöten, Seuchen und Kriegen offenbaren. Damit wird dem grenzenlosen Wachstum nach dem Prinzip des „Jäger-Beute-Schemas" eine Grenze gesetzt, bis wieder ein Gleichgewicht zwischen den Menschen und den ihnen zur Verfügung stehenden Mitteln hergestellt ist.

Kommen wir zurück zu der abgeschlossenen Bakterienkultur, die keine Zufuhr an Nahrung erfährt und am Ende abstirbt. Sie würde sich unbegrenzt vermehren, wenn die Menge an Nährstoffen konstant bliebe, die Abfälle der Bakterien gleichmäßig entsorgt und die Bakterienmenge in dem Bioreaktor auf gleichem Niveau gehalten würde. Man nennt solche Kulturen ein *Chemostat*, da die physikalisch-chemischen Bedingungen und die Populationsdichte durch gesteuerten Zu- und Abfluss auf ein und demselben Stand gehalten werden.

Nach der Logik der auf der Welt vorherrschenden Wirtschaftssysteme gleicht die Erde einem *Chemostaten*, der unbegrenztes Wachstum erlaubt. Das ist erkennbar unsinnig, und weil man mit dieser Denkweise zunehmend an Grenzen stößt, wird bereits über die Besiedlung neuer Welten im All spekuliert. Eine Vorstellung, die an das geregelte Abführen überzähliger Organismen aus dem *Chemostaten* erinnert.

Die negativen Folgen des grenzenlosen Wachstums will man durch Umsiedlung von „überzähligen" Menschen auf andere Planeten kompensieren, verbunden mit der Ausbeutung der dort vorhandenen Ressourcen. Zu diesem Zweck gründete sich in den USA das private Raumfahrtunternehmen SpaceX, welches bereits mit eigenen Trägerraketen ins All vorgestoßen ist. Allerdings sind derart ambitionierte Vorhaben, wenn überhaupt, in den dafür erforderlichen kurzen Zeiträumen nicht realisierbar.

Selbst wenn die Kolonisierung neuer Welten eines Tages machbar ist, käme man mit dem heute vorherrschenden Wirtschaftssystem früher oder später an die gleichen Grenzen des Wachstums. Wäre es daher nicht klüger, sich für eine vernünftige Bevölkerungspolitik und eine nachhaltige Wirtschaft einzusetzen, die nicht unter dem Primat der unbegrenzten Zunahme steht? Die Folgen der Missachtung des „Naturgesetzes der Begrenzung" wiegen zum Nachteil der Menschheit weitaus schwerer als die Umstellung auf eine verträglichere Ökonomie.

*

Vor allem in den Industrieländern erfahren immer mehr Menschen die Folgen eines chaotischen Wachstums am eigenen Körper. Es handelt sich dabei um eine Volkskrankheit, die unter dem Namen Krebs jedem bekannt ist. Krebszellen haben den Mechanismus der natürlichen Anpassung an die Bedürfnisse des Gesamtorganismus verloren. Sie kennen keine Regulierung ihres Wachstums mehr, die allen gesunden Körperzellen innewohnt.

Ähnlich wie eine Bakterienkultur streben Tumorzellen einseitig nur nach Vermehrung. Alle biologischen Prozesse, die ihre Aufgaben bestimmen, ihre Reproduktion regulieren, bis hin zum vom Organismus „programmierten" Zelltod (*Apoptose*), sind bei ihnen abgeschaltet. Der Preis für diese relative Unsterblichkeit, die wir bereits von den Bakterien kennen [3], ist der Abstieg von für bestimmte Aufgaben spezialisierten Zellen in eine nur auf Wachstum gerichtete, parasitäre Existenz.

Zu zellulären Parasiten mutiert, beuten Krebszellen ihren Wirt hemmungslos aus. Sie sind aus dem Gefüge des Körpers ausgestiegen und in ein „Einzelstadium", ähnlich dem von Bakterien, zurückgefallen. Den Organismus benutzen sie nur noch als Rohstoffquelle für ihre Vermehrung. Um ihr unkontrolliertes Wachstum aufrechtzuerhalten und der *Apoptose* zu entgehen, ändern Tumorzellen die Aktivität ihres Stoffwechsels.

Dieser nach seinem Entdecker Otto Warburg (1883–1970) benannte Effekt bewirkt, dass Tumorzellen den Hauptenergieträger *Glucose* 36-fach schlechter verwerten als normale Körperzellen. Wie ein spritfressender Motor brauchen sie für die gleiche Leistung erheblich mehr vom „Kraftstoff" *Glucose* als gesunde Zellen. Da Krebszellen den Großteil der Energiereserven des Körpers an sich reißen, verlieren die Patienten zunehmend an Gewicht und an Widerstandskraft.

Ähnlich wie ein einseitig nur nach Gewinn strebendes Wirtschaftssystem ist den Krebszellen ausschließlich an einer maximalen Nutzung aller ihnen zur Verfügung stehenden Ressourcen gelegen. Sie zapfen den Blutkreislauf an, um auf diesem Weg an weitere Nährstoffe heranzukommen und sich als Metastasen im gesamten Körper auszubreiten. Im Gegensatz zu normalen Zellen kennt ein Tumor keine Kontakthemmung, sondern wächst auf Kosten der ihn umgebenden Organe raumfordernd weiter. Er entwickelt Mechanismen, die seine eigene Versorgung sichern und die gegen Tumore gerichteten Zellen unseres Immunsystems in den Selbstmord (*Apoptose*) treiben.

Paradoxerweise arbeiten die nach Unsterblichkeit strebenden, „egoistischen" Krebszellen damit nur noch schneller auf ihren eigenen Untergang hin. Unser Körper ist eben kein *Chemostat*, genauso wenig wie es der Planet Erde ist. Wie für eine abgeschlossene Bakterienkultur mit einem limitierten Vorrat an Nährstoffen ist die Vermehrung der Tumorzellen durch die Beschränkung auf die „Ressource Körper" begrenzt. Zwangsläufig steht der Tod am Schluss dieser Erkrankung, wenn es dem Organismus nicht gelingt, alle Krebszellen zu beseitigen.

Krebs ist eine Metapher für das Wirtschaftssystem, das auf unserem Planeten vorherrscht. Grenzenloses Wachstum gibt es nur auf Kosten des „Organismus Erde" und seiner Bewohner. Bei tieferer Betrachtung begreift man, dass die Idee des unbegrenzten Wachstums in Wirklichkeit eine Philosophie des Todes ist.

Da ein beträchtlicher Anteil der Krebserkrankungen ein Resultat aus der zunehmenden Vergiftung der Umwelt und damit unserer Daseinsgrundlagen darstellt, ist Krebs nicht allein als individuelles Schicksal anzusehen. Die davon betroffenen Patienten sind vielmehr Opfer der auf der Welt herrschenden Ignoranz und des Egoismus, was den Umgang mit unseren Lebensgrundlagen betrifft.

5. Ressourcen, Rüstung und Krieg: Sind die Mikroben klüger als wir?

Menschen wenden alle möglichen Tricks an, um an Dinge zu gelangen, die ihnen von Rechts wegen nicht gehören. Vom Aufstellen einer Leiter, um an Nachbars Kirschen zu gelangen, über raffinierte Computerkriminalität bis hin zum brutalen Raubüberfall. Die Kniffe, um sich den Besitz von anderen anzueignen, erscheinen schier unbegrenzt.

Auch im Mikrokosmos findet ein harter Kampf um knappe Güter statt. Uns Menschen bleibt das meist verborgen, doch die Ziele der Mikroorganismen sind den unsrigen im Wesentlichen ähnlich. Wenn genug Nahrung vorhanden ist, benötigt man mehr Platz für sich und seine Nachkommen. Um in diesem Wettbewerb einen Vorteil zu erlangen, nutzt man jede Schwäche der Konkurrenten. Das klingt bekannt, nicht wahr?

Die Kniffe der Menschen mögen vielfältig sein, trotzdem können wir von den Mikroorganismen noch eine Menge lernen. Warum das so ist? Dazu müssen wir etwas über die Erfolgsstrategien wissen, die im Mikrokosmos geläufig sind.

Jede Art von Mikroorganismen wie Bakterien, Hefen, Schimmelpilze und tierische Einzeller (*Protozoen*) hat bevorzugte Siedlungsräume und Nahrungsbedürfnisse. Bakterien und Schimmelpilze sind zwei zahl- und artenreiche Gruppen, die um natürliche Ressourcen und um Platz wetteifern. Beide sind *heterotroph* und damit auf die Zufuhr organischer Nahrung angewiesen. Dabei haben die Schimmelpilze gegenüber den Mikroben einen deutlichen Nachteil: Sie wachsen wesentlich langsamer. Da das Leben denjenigen bestraft, der zu spät kommt, haben die Pilze Kniffe entwickelt, um dieses Manko auszugleichen.

Von Natur aus sind Schimmelpilze widerstandsfähig und wachsen sogar unter Bedingungen und an Stellen, wo sich Bakterien nicht mehr wohlfühlen. Doch wie sieht es aus, wenn sich beide an Orten begegnen, die für sie gleichermaßen ideal sind? Seien es Lebensmittel oder proteinhaltige Nährböden, wie man sie im mikrobiologischen Labor verwendet. Hat der langsam wachsende Pilz gegenüber den Bakterien hier nicht das Nachsehen? So wie ein schüchterner Mensch, der am Buffet auf einen Rüpel trifft, der sich in Ellenbogenmanier die besten Stücke rasch auf seinem Teller anhäuft?

Diese Annahme ist berechtigt, doch auch im Wettbewerb um die günstigen Futterplätze haben die Pilze eine Geheimwaffe, um sich die schnellwachsenden Bakterienrüpel sprichwörtlich „von der Spore" zu halten. Der Erste, der dieses Geheimnis entdeckte, war der französische Militärarzt Ernest Duchesne (1874–1912). Er beobachtete, dass Schimmelpilze Bakterien abtöten, und beschrieb das 1897 in seiner Doktorarbeit. Der Militärdienst und sein früher Tod hinderten ihn leider an weiteren Forschungen.

Dreißig Jahre vergingen, bis es dem englischen Mediziner Alexander Fleming (1881–1955) gelang, das Geheimnis des Schimmelpilzes endgültig zu lüften. Ursprünglich hatte der Arzt mit Pilzen nichts zu schaffen, denn er arbeitete an *Staphylokokken*. Das sind Eiterbakterien, die Wundinfektionen verursachen. Als Fleming im Sommer des Jahres 1928 verreiste, ließ er ein paar mit Bakterien beimpfte Nährböden auf seinem Labortisch zurück.

Nach seiner Rückkehr entdeckte er auf einer dieser Kulturschalen einen unerwünschten Eindringling. Es war ein Schimmelpilz, der dort während seiner Abwesenheit langsam gewachsen war. Nachdem der Arzt sich die Sache genauer besah, bemerkte er etwas Merkwürdiges. Der gesamte Nährboden war mit *Staphylokokken* bewachsen, außer in einer kreisförmigen Zone um die Pilzkolonie herum.

Der langsam wachsende Pilz schied etwas aus, das die Bakterien auf Abstand hielt. Fleming nannte diese Substanz *Penicillin*, hergeleitet vom Namen des Pilzes *Penicillium*. Ohne gezielt danach zu suchen, hatte der Arzt ein Antibiotikum gefunden, eine wirksame Waffe im Kampf gegen bakterielle Infektionen. Alexander Flemings Entdeckung hatte bereits viele Menschenleben gerettet, bevor er 1945 zusammen mit seinen Kollegen Ernst Chain und Howard Florey dafür den Nobelpreis erhielt.

In den darauf folgenden Jahren entdeckte man weitere Pilze und pilzähnliche Bakterien (*Streptomyceten*), die antibiotische Substanzen ausscheiden. Die mittlerweile bekannten Antibiotika haben unterschiedliche Wirkungsweisen. Als „biologische Waffen" richten sie sich gegen lebenswichtige Strukturen der Bakterienzellen. Die meisten dieser biologisch aktiven Stoffe wirken nur gegen einige und nicht auf alle Bakterienspezies.

Bei den Hunderten in der Natur vorkommenden antibiotisch wirksamen Substanzen stellt man sich berechtigterweise die Frage, warum nicht alle antibiotikasensitiven Bakterien längst ausgerottet sind. Das ist jedoch nicht der Fall und daran erkennen wir ein biologisches Naturgesetz: In einem sich im Gleichgewicht befindlichen Ökosystem gibt es keinen natürlichen Mechanismus, der einer *Spezies* erlaubt, eine andere völlig auszurotten.

Tatsächlich wird der größte Teil der antibiotikasensitiven Mikroben durch den Kontakt mit diesen „Biowaffen" dahingerafft. Einige von ihnen schaffen es, den Angriff zu überdauern, indem sie ihre Stoffwechselaktivität zeitweilig einstellen und verharren, bis das Antibiotikum aus ihrer Umgebung verschwunden ist. Allerdings hilft das „Totstellen" nur bedingt und nur für eine gewisse Zeit.

Eine nachhaltige Wirkung vermitteln Gene, die den Bakterien eine echte Resistenz gegen Antibiotika verleihen. Solche antibiotikaresistenten Bakterien überleben den Angriff und vermehren sich in kurzer Zeit zu vergleichbaren Mengen, wie ihre empfindlichen Brüder davor. Mit dem Erwerb von Resistenzgenen ist der Bestand einer Bakterienart auch bei einem „Supergau" durch solche „biologischen Waffen" gesichert.

Warum sind dann nicht längst sämtliche Bakterienspezies mit Resistenzen ausgerüstet und lassen die Schimmelpilze unverrichteter Dinge zurück? Die Antwort darauf sollte Anhänger eines Wettrüstens unter uns Menschen überraschen: Eine Aufrüstung mit allen dafür erforderlichen Resistenzgenen kostet die Bakterien zu viel Kraft. Ebenso wie unser Energieverbrauch steigt, je mehr elektrische Geräte wir verwenden, genauso erfordert jedes weitere Resistenzgen zusätzliche Ressourcen aus dem bakteriellen Stoffwechsel. Dabei darf man nicht vergessen, dass ein Bakterium keinen Energielieferanten hat, sondern alles, was es für seine Existenz braucht, aus den Mitteln einer einzelnen Zelle bestreiten muss.

Deswegen ist das Vorhalten von Antibiotikaresistenzen für eine Bakterienpopulation nur in einer tatsächlichen Notlage sinnvoll. Wenn sich keine Schimmelpilze in ihrer Umgebung herumtreiben und der Arzt kein Antibiotikum verschrieben hat, fällt diese unmittelbare Bedrohung weg. In diesem Fall sind die Ressourcen fressenden, antibiotikaresistenten Bakterien ihren empfindlichen Brüdern im Tempo ihrer Vermehrung unterlegen.

Dementsprechend machen die resistenten Mikroben nach ein paar Teilungszyklen nur noch einen geringen Teil der Gesamtpopulation aus. Allerdings verschwinden sie nie ganz und können im Bedarfsfall in kurzer Zeit zu alten Größenordnungen heranwachsen.

Damit besitzen Bakterien einen flexiblen Abwehrmechanismus gegen Angriffe durch antibiotisch wirksame Substanzen. Er erlaubt ihnen, ressourcensparend und energieschonend auf derartige Gefahrenlagen zu reagieren. Ein Vergleich mit einer immense Mittel verschlingenden Hochrüstung, die sich in den jährlich steigenden Militärausgaben der meisten Staaten niederschlägt, bietet sich an. Selbst wenn keine akute militärische Bedrohung besteht, dreht sich die Rüstungsspirale weiter, wobei ein momentaner Vorteil bald durch größere Anstrengungen der Gegenseite kompensiert wird.

Das Konzept, den vermeintlichen Feind durch vermehrte Rüstungsanstrengungen in den wirtschaftlichen Ruin zu treiben, hat die Kriegsgefahr auf der Welt nicht gebannt. Genauso falsch ist die Aufrüstung gegen Bakterien durch den übertriebenen Einsatz von Antibiotika. Sie hat nur zur Folge, dass diese zunehmend Resistenzeigenschaften vorhalten.

Mikroben reagieren auf solche „Overkill"-Angriffe mit einer Vervielfachung ihrer Resistenzgene, wodurch sie größere Mengen der Biowaffe inaktivieren können. Die Rüstungsspirale im „Krieg gegen die Mikroben" kann sich gegen uns Menschen drehen, wenn dadurch wirksame Antibiotika zur Bekämpfung von multiresistenten Krankheitserregern nicht mehr zur Verfügung stehen.

Wie geht die Natur mit der Auseinandersetzung konkurrierender Organismen um? Eher konstruktiv als destruktiv, denn der Wettbewerb zwischen dem Reich der Pilze und der Bakterien hat nicht das Ziel, den anderen zu vernichten, sondern die Balance zu bewahren. Mit dem Ergebnis, dass die beiden Naturreiche seit Millionen Jahren zu ihrem gegenseitigen Nutzen koexistieren. Verglichen damit ist der Mensch auf der Erde gerade erst erschienen und hat noch manche Bewährungsprobe vor sich.

In der Natur ist nichts auf die Alleinherrschaft einer *Spezies* ausgelegt. Sie bewahrt die Vielfalt und das Gleichgewicht, die für den Erhalt eines komplexen Ökosystems nötig sind. Andererseits ist die Natur nicht zimperlich, was das Schicksal einzelner Zellen oder Organismen betrifft. Wenn auch Milliarden Bakterien durch Angriffe zugrunde gehen, es finden sich immer entsprechend resistente *Klone*, die den Ursprung von neu heranwachsenden Generationen bilden.

Wie sieht es dagegen für die Pilze in Notzeiten aus? Wenn die Lebensbedingungen ihr Gedeihen nicht mehr erlauben, dann verkapseln sie sich in Form einer festen Spore. Diese Möglichkeit, Widrigkeiten aller Art zu überdauern, besitzen neben den Pilzen auch bestimmte Pflanzen und einige Bakterienspezies. Sporen sind daher wie biologische Konserven zu betrachten. Sie brauchen weder Nahrung noch Energie, sind widerstandsfähig gegen Stress durch Strahlung, extreme Temperaturen und Chemikalien. Sie verharren fast unbegrenzt, manche viele tausend Jahre in diesem Zustand, ohne kaputtzugehen. Wenn die Umweltbedingungen wieder günstig sind, keimen die Sporen in ein paar Stunden zu vermehrungsfähigen Organismen aus.

Sporen sind daher eine ideale Form, um das Leben durch das All in ferne Welten zu tragen [31].

Im Unterschied zu den Mikroorganismen haben wir Menschen die Aufgabe, uns um das Schicksal jedes Einzelnen zu kümmern. Gerade das ist ein elementarer Bestandteil unseres Menschseins. Und doch gibt es unter uns immer wieder Personen, die in Allmachtsfantasien gefangen sind und Strategien aus der Mikrobenwelt auf die menschliche Gesellschaft übertragen wollen. Unterdrückung, Gleichschaltung und Missachtung der Menschenrechte sind Kennzeichen solcher Bestrebungen hin bis zu Massenmord und Krieg. Nach dieser Logik opferte man in den großen Schlachten Millionen von Soldaten, in der Annahme, mit ein paar mehr Überlebenden als Sieger dazustehen.

Doch Menschen sind keine Bakterien und solche Vorstellungen hatte schon der altgriechische König Pyrrhos (319–272 v. Chr.) als selbstmörderisch erkannt. „Noch so ein Sieg, und wir sind verloren", soll er nach zwar gewonnenen, doch zu verlustreichen Kämpfen gegen die Römer gesagt haben.

Genauso absurd wie solche Vernichtungsstrategien erscheint

die Idee, den nuklearen Holocaust in Bunkern zu überleben. Ein Konzept, das der Logik der Sporenbildner entstammt. Doch dabei sollten wir eins nicht vergessen: Eine Pilzspore kann tausend Jahre und länger warten, bis die Erde wieder für sie bewohnbar ist.

6. Mit dem Fortschritt ins Paradies?

In der Menschheitsgeschichte gab es schon immer Bestrebungen, die sich mit Ausrottungsszenarien gegen die eigene oder fremde *Spezies* beschäftigten. Die katastrophalen Folgen, die solche Vorstellungen mit sich gezogen haben, sind uns aus der Geschichte wohlbekannt. Ebenso verheerend sind die Folgen der menschlichen Eingriffe auf die Tier- und Pflanzenwelt, die zum Verschwinden ganzer Arten und Lebensräume geführt haben. Die Zerstörung unserer Lebensgrundlagen überall auf der Erde beraubt nicht zuletzt die gesamte Menschheit an unwiederbringbaren Schätzen, welche die Natur uns und allen anderen Lebewesen darbietet.

Auch die Ausrottung von Infektionskrankheiten ist ein Traum, der die Menschen seit der Zeit von Louis Pasteur (1822-1895) und Robert Koch (1843-1910) bewegt. So verständlich dieser Wunsch auch sein mag, so wenig hält er der Realität stand. Selbst wenn es in einzelnen Fällen gelingt, Infektionserreger unter die Schwelle des Wahrnehmbaren zu drücken, so sind sie oft nie völlig verschwunden, sondern können, in gleicher oder veränderter Gestalt, auch nach langer Zeit wieder auftauchen.

„Die Natur verabscheut das Vakuum", besagt ein lateinisches Sprichwort. Wenn alte Krankheitserreger verschwinden, tauchen neue auf. Auf Ebene der Infektionskrankheiten haben wir das mit dem Auftreten neuer Seuchenerreger wie *HIV*, *Ebolaviren* und *EHEC*-Bakterien [23] in letzten Jahrzehnten zu spüren bekommen. Solange eine belebte Welt existiert, werden auch Infektionen und Krankheiten die Folge sein. Es stellt sich vielmehr die Frage, wie wir als einzelne und die Gesellschaft damit umgehen.

Mit dem Auftreten der *Covid-19-Pandemi*e haben Vorstellungen Konjunktur, man könnte *Coronaviren* durch wie auch immer gelenkte Maßnahmen aus der Welt schaffen. In Anbetracht der Anpassungsfähigkeit der Mikroorganismen an die sich

seit Beginn der Evolution ständig verändernden Lebensbedingungen ist diese Annahme völlig lebensfremd. Noch dazu,
wenn es sich um so anpassungsfähige Viren, wie *SARS-CoV-2*
handelt. Der Einwand, man hätte schließlich auch den Erreger
der häufig tödlich verlaufenden Pockenerkrankung, das *Variola-
Virus*, eliminiert, hält nicht stand, da die Unterschiede zwischen
den *Pocken-* und den *Coronaviren* gewaltig sind.

Zwar gibt es auch unter den *Pockenviren* Varianten, die in
verschiedenen tierischen Wirten vorkommen. Im Gegensatz zu
Coronaviren rufen die tierischen Pockenviren bei Menschen aber
keine (schweren) Erkrankungen hervor. Das eng an den Menschen angepasste Pocken (*Variola*)-Virus gilt seit 1980 als ausgerottet. Maßgeblich dazu beigetragen hat eine wirkungsvolle Impfung, die dazu führte, dass seit 1978 keine Neuinfektionen bei
Menschen mehr auftraten. Der Impfschutz ist lang anhaltend
und kann bei einer Auffrischung jahrzehntelang bestehen.

Coronaviren kommen bei einem noch viel breiteren Spektrum
von tierischen Wirten - von der Maus bis zum Dromedar - vor.
Daher stellt sich eher die Frage, welche Säugetier- oder welche
Vogelarten *Coronaviren* nicht beherbergen können. Zudem können sich die Viren beim Übergang von einer auf eine andere Tier-
spezies oft leicht an diese anpassen.

Bei Menschen können aus Tieren stammende *Coronaviren*
schwere Erkrankungen wie *SARS*, *MERS* und *Covid-19* auslösen.
Gegen die häufig tödlich verlaufenden *SARS* und *MERS*-
Infektionen konnte trotz vieler Bemühungen kein Impfstoff entwickelt werden, der es ermöglicht, die Virusinfektionen bei Menschen wirksam einzudämmen oder sogar vollständig auszurotten.

Dennoch verschwand *SARS*, zwei Jahre nachdem die Epidemie im November 2002 ausgebrochen war, faktisch von der Bildfläche. Der Grund dafür war, dass die *SARS-Epidemie* bis auf
kleinere Ausbrüche auf das Epizentrum Hongkong begrenzt war

und die Eindämmung durch rechtzeitige Hygiene- und Quarantänemaßnahmen gelang. Im Unterschied zur *Covid-19-Pandemie* mit weltweit Millionen Infizierten, erkrankten nur etwa 8000 Menschen an *SARS*, von denen knapp achthundert verstarben.

Wer aber nun glaubt, der *SARS*-Erreger *SARS-CoV-1* wäre damit ausgerottet, irrt. Er existiert weiterhin in seinem natürlichen Wirt, der Hufeisennase. Es ist eine Fledermausart, die in Asien, Afrika und Australien verbreitet ist. Somit ist es möglich, das der *SARS*-Erreger über sein tierisches Reservoir ein weiteres Mal in die menschliche Population gelangt und dort erneut Erkrankungen auslöst.

Hätte man *Covid-19* ähnlich wie *SARS* rechtzeitig eindämmen können, als die Erkrankung noch auf ihren primären Ausbreitungsort in China begrenzt war? Wir wissen wir es nicht.

Wenn man grobe Fahrlässigkeit oder sogar ein absichtliches Verbreiten des Virus ausschließt, könnte die Ursache in den unterschiedlichen Krankheitsverläufen bei *SARS* und *Covid-19* liegen. *Covid-19* kann auch von Menschen ohne oder mit geringer Symptomatik übertragen werden. Dies ermöglicht eine hohe Ansteckungsrate. *SARS*-Infektionen führen häufiger und schneller als *Covid-19* zu schweren Erkrankungen. In deren Folge waren die Patienten bereits oft schon abgeschirmt, noch bevor sie die Krankheit weiter verbreiten konnten.

Im Gegensatz zu anderen Viren zeigen *Coronaviren* eine hohe Anpassungsfähigkeit. Vor allem wenn sie einem Selektionsdruck durch das Immunsystem ihrer Wirte ausgesetzt sind. Seit Beginn der *Covid-19-Pandemie* vor gut einem Jahr entstanden Hunderte von genetischen Varianten des Virus. Bereits im April 2020 zählte man 198 unterschiedliche *Mutationen* bei *SARS-CoV-2* Isolaten. Einige von diesen haben sich in jüngster Zeit stark durchgesetzt, vermutlich als Reaktion auf die sich verändernde Immunität der Menschen. Auch die Passage über tierische Zwischenwirte, wie Nerze, kann die Neuentstehung von Virusmutanten fördern, ebenso wie eine Therapie mit *Antikörpern*, die gegen das Virus gerichtet sind.

Für die Anpassungsfähigkeit der Viren spricht auch die Tatsache, dass wiederholte Infektionen mit *Sars-CoV-2* bei Menschen beobachtet wurden, die vorher bereits eine *Covid-19*-Erkrankung durchgemacht hatten. Die genetische Wandelbarkeit des Virus stellt die allgemeine und länger andauernde Wirksamkeit einer *Sars-CoV-2-Vakzine* zumindest auf den Prüfstand.

Was bleibt uns zu tun, wenn Krankheitserreger partout nicht auszurotten sind?

Wir müssen lernen, mit dem Virus zu leben. Es gibt keine Garantie, sich nicht mit Infektionserregern zu infizieren. Auch gegen *HIV* wurden bisher keine wirksamen Impfstoffe entwickelt, jedoch Medikamente, die das Fortschreiten der Erkrankung wirksam verhindern.

Medikamentöse Therapien stehen bei der Behandlung von Infektionen mit *Coronaviren* erst am Anfang. Allgemein kann man dafür sorgen, besonders gefährdete Menschen effektiver vor Ansteckungen zu schützen. Grundsätzlich hilft eine gesunde Lebensweise, um einer Erkrankung vorzubeugen und diese gegebenenfalls besser zu überstehen.

7. Sein oder Nichtsein? Von den Überlebensstrategien der Mikroorganismen

In der Kultur des antiken Stadtstaates Sparta galten Härte, erzieherische Strenge, Genügsamkeit und Durchsetzungsvermögen als wichtige Voraussetzungen für das Leben in der Gemeinschaft. Vermutlich war Sparta auch wegen dieser Gegebenheiten für lange Zeit die militärisch stärkste Macht im vorchristlichen Griechenland. „Spartanisch" steht bis heute für „Beschränkung auf das Allernötigste" und für Menschen, die an sich besondere Anforderungen stellen, was ihren Willen, ihre Energie, Entsagung und Selbstüberwindung betrifft.

Auch unter den Mikroorganismen gibt es spartanisch lebende Vertreter, die es gewohnt sind, ihr Leben unter harschen Umweltbedingungen zu fristen. Solche Keime sind als Krankheitserreger auf Intensivstationen gefürchtet, da sie monatelang selbst auf trockenen Oberflächen verharren können. So lange, bis sie ein neues Opfer finden, das sich von ihnen anstecken lässt. Als Faustregel gilt: Je mehr Erreger ausgeschieden werden, desto länger sind sie im Umfeld nachweisbar.

Zu diesen genügsamen Mikroben, die den längeren Aufenthalt in einer unwirtlichen Umgebung nicht scheuen, gehören in der Umwelt vorkommende Bakterien, wie *Pseudomonaden*, *Serratien*, *Enterobacter* und *Klebsiellen*. In der Natur leben diese Organismen im Boden und im Wasser. Sie besiedeln die Wurzeln und Blätter der Pflanzen und geraten über die Nahrung in die Darmflora von Menschen und Tieren.

Für gesunde Menschen stellen diese Bakterien keine Bedrohung dar. Ganz anders ist es jedoch bei immungeschwächten Personen, welche man besonders auf den Intensivstationen von Kliniken findet. Bei diesen Patienten verursachen solche Umweltkeime häufig sogenannte *nosokomiale* Infektionen mit Erkrankungen der inneren Organe, oft geschieht das nach chirurgischen Eingriffen. Ihren Weg ins Krankenhaus finden diese Keime mit den Menschen, die dort arbeiten, zu Besuch kommen oder als Patienten aufgenommen werden.

Neben den bereits genannten geraten noch weitere Bakterien, wie *Staphylokokken* und *Streptokokken*, unerkannt ins Hospital. Als natürliche Besiedler der Haut und der Schleimhäute reisen sie sozusagen im huckepack mit den Menschen in die Kliniken, wo sie als Erreger von Wundinfektionen und *Sepsis* gefürchtet sind. Auch diese Mikroben sind anspruchslos und halten es monatelang unter spartanischen Bedingungen aus. Übertroffen werden sie in ihrer Beständigkeit nur von Tuberkuloseerregern *(Mycobacterium tuberculosis)* und von sporenbildenden Bakterien, wie den *Clostridien*. Deren Lebensdauer als Spore ist theoretisch größer als die Haltbarkeit von Krankenhäusern und anderen Gebäuden.

Weltweit ziehen sich sieben bis zehn Prozent von Krankenhauspatienten dort zusätzlich Infektionen zu. In Deutschland sind davon jährlich 400.000 bis 600.000 Menschen betroffen, von denen 10.000 bis 20.000 daran sterben. Als „harte Burschen" sind Krankenhauskeime gegen Antibiotika und Desinfektionsmittel durch die Ausprägung von Multiresistenzen hervorragend gerüstet. In manchen Fällen wird damit die Widerstandskraft von Mikroorganismen gegen derartige Substanzen noch verstärkt.

Nach dem Motto: „Was du säst, wirst du ernten", zieht eine planlose und übermäßige Verwendung von Desinfektionsmitteln, wie man es gerade in „Pandemiezeiten" beobachtet, ebenso wie ein zu leichtfertiger Umgang mit *Antibiotika*, einen Rattenschwanz an entsprechend resistent gewordenen Bakterien nach sich. Diese verbreiten sich in der Umwelt und tauchen früher oder später als *multiresistente* Keime in den Krankenhäusern auf.

Die Folgen eines solchen Missbrauches bekommen wir mit dem Anstieg an schwer therapierbaren Infektionen zu spüren, die schon heute ein ernstes Problem in der Medizin darstellen.

Auch bei den Viren findet eine Anpassung an ein Überleben in der Umwelt statt. Ein berühmtes Beispiel dafür sind *Pockenviren*, die wochenlang in der Umwelt überleben können. Auch die in jüngster Zeit berühmt gewordene Familie der *Coronaviren* hat sich aus „Weicheiern" zu echten „Spartanern" entwickelt.

Infektionen mit diesen Viren bei Menschen wurden erstmalig 1965 beschrieben. Bis zum Auftreten von *SARS* galten sie nur als Verursacher von unkomplizierten Erkältungskrankheiten. In der Umwelt überleben diese humanen *Coronaviren* (*HCoVs*), ähnlich wie andere Schnupfenviren, nicht viel länger als drei Stunden.

HCoVs wurden in der Öffentlichkeit bekannt, nachdem 2002 in China mit *SARS* eine neuartige infektiöse Lungenerkrankung auftrat. Das *SARS-CoV-1* Virus verbleibt im Gegensatz zu den *HCoV*-Schnupfenviren nicht nur in den oberen Atemwegen, sondern steigt in die Lunge hinab, wodurch schwere Erkrankungen ausgelöst werden. In der Umwelt erwies sich *SARS-CoV-1* mit bis zu vier Tagen Überlebenszeit als wesentlich robuster als die klassischen *HCoV*-Schnupfenviren. Zwar traten seit Ende 2004 keine neuen *SARS*-Infektionen mehr auf, jedoch sind diese Viren in Fledermäusen, als ihrem natürlichen Reservoir, weiterhin vorhanden [6].

Auch der *Covid-19*-Erreger *SARS-CoV-2* kann schwere Lungenerkrankungen bei Menschen verursachen. Allerdings geschieht das wesentlich seltener als bei *SARS*-Infektionen. *SARS-CoV-2* ist ebenso widerstandsfähig in der Umwelt, verbreitet sich jedoch viel effizienter als der *SARS*-Erreger. Ein Grund für die bessere Übertragung des *Covid-19*-Erregers im Vergleich zu *SARS*, liegt in der viel größeren Menge der Viren, die von infizierten Menschen ausgeschieden werden. Eine größere Virusmenge begünstigt zudem das Überleben der Erreger auch außerhalb des Körpers. Etwa zehn Tage nach Beginn der Symptome ist das Virus jedoch nur noch bei sechs Prozent der Erkrankten nachweisbar.

Glücklicherweise sind nicht alle bakteriellen und viralen Krankheitserreger derartige Überlebenskünstler. Auch Erreger von schwerverlaufenden Krankheiten wie Keuchhusten, *Gonorrhoe*, *Syphilis* und *Cholera* bestehen nur für kurze Zeit in der Umwelt. Neben den Schnupfen- und Grippeviren sind die am häufigsten bei Durchfall beteiligten *Noroviren* ebenfalls nicht sehr strapazierfähig. Empfindliche Keime sind daher für ihre Übertragung auf direkte Kontakte zwischen Menschen beziehungsweise auf Lebensmittel und Wasser als Übertragungsvehikel angewiesen.

Haben die „Spartaner" unter den Bakterien und Viren einen Vorteil gegenüber den „Weicheiern", was ihren Erfolg, sich in der Welt durchzusetzen, ausmacht? Auf den ersten Blick erscheint das plausibel. Durch ihre Widerstandskraft überleben sie in der Umwelt und kommen potentiell mit mehr Infektionsempfängern in Berührung. Zum Glück ist das krankheitserzeugende Potential dieser Bakterien überwiegend auf immungeschwächte Wirte beschränkt.

Solche *fakultativ pathogenen* Keime sind keine echten Parasiten, die ausschließlich auf einen Wirt angewiesen sind, sondern ein Teil der natürlichen Umwelt.

Bei den *obligat pathogenen* Bakterien hängt ihr Erfolg als Infektionserreger nicht zwangsläufig von ihrer Überlebensfähigkeit in der Umwelt ab. Beispiele dafür sind die Seuchenzüge von Pest und Cholera seit der Antike bis hinein in die jüngere Vergangenheit. Davon waren jeweils sehr viele Menschen betroffen, doch hatten diese *Epidemien* nie dauerhaften Bestand.

Bei der Pest lag das vor allem an der hohen Sterberate von bis zu sechzig Prozent der Infizierten. In deren Folge wurden ihre menschlichen und tierischen Wirte so stark dezimiert, dass die *Epidemie* zusammenbrach. Bei der Cholera resultierte die Eindämmung der Infektionen vor allem aus der Verbesserung der hygienischen Bedingungen.

Auch bei den Viren entscheidet die Robustheit nicht unbedingt über ihren Erfolg, sich weltweit als Infektionserreger durchzusetzen. Ein Beispiel dafür sind die regelmäßig auftretenden Grippeepidemien. Zwar überleben die *Influenzaviren* nicht lange in der Umwelt und sind damit hauptsächlich auf direkte Ansteckung von Mensch zu Mensch angewiesen. Jedoch generieren sie kontinuierlich neue genetische Varianten von Erregertypen (*Antigendrift*), um auf diese Weise erfolgreich der Immunität ihrer Wirte zu trotzen.

Anpassung, Übertragung und Robustheit sind die drei Pfeiler, auf denen die Erfolgsrezepte der Mikroorganismen auf der Welt beruhen. Das Beispiel der *Coronaviren* zeigt deutlich, in welcher Geschwindigkeit das geschehen kann. Das Ende 2019 aufgetretene, robustere *SARS-CoV-2* übertrifft in der Geschwindigkeit seiner Verbreitung den *SARS*-Erreger. *SARS-CoV-1* hatte sich im Verlauf der Epidemie 2002–2004 durch *Mutationen* bereits stärker an den Menschen angepasst. Der *Covid-19*-Erreger *SARS-CoV-2* hat diese Fähigkeit nochmals um das Zehn- bis Zwanzigfache gesteigert.

Betrachtet man die Entwicklung der *Coronaviren* seit dem Auftreten der *SARS*-Epidemie in 2002, könnte man auf eine „Strategie" hinsichtlich ihrer möglichst effizienten Verbreitung im menschlichen Wirt schließen. Im Vergleich zu *Covid-19*-Patienten zeigen sich bei *SARS* wesentlich schneller nach der Ansteckung Krankheitssymptome, da die Lunge früh durch die Infektion betroffen ist.

Die Inkubationszeit ist bei *SARS* mit zwei bis elf Tagen kürzer als bei *Covid-19* mit bis zu vierzehn Tagen. Schwere Krankheits-symptome treten bei *Covid-19* oft erst spät nach erfolgter Anste-ckung auf. Durch diese Eigenschaften ist *SARS-CoV-2* in der La-ge, vergleichsweise mehr Menschen zu infizieren. Denn je später die Krankheit als solche erkannt und die Patienten isoliert wer-den, desto höher ist die potentielle Ansteckungsrate.

Hinsichtlich seiner Verbreitung geriet das dem *SARS-CoV-1* eng verwandte *MERS-CoV* in eine „Sackgasse". An der 2012 im Mittleren Osten verbreiteten *MERS*-Epidemie erkrankten 2260 Menschen, weit weniger als bei *SARS* mit fast 8000 Patienten. Ein Grund dafür könnte in der hohen Sterberate bei den *MERS-CoV*-Infizierten mit fast vierzig Prozent liegen. Die Inkubations-zeit von *MERS-CoV* beträgt zwei bis dreizehn Tage, wobei durch-schnittlich nach vierzehn Tagen der Tod eintritt. Bei *SARS* ver-starben „nur" knapp zehn Prozent der Infizierten und im Mittel erst nach dreiundzwanzig Tagen.

Zudem ist *MERS-CoV* im Vergleich zu *SARS-CoV-1* und *SARS-CoV-2* weniger leicht von Mensch zu Mensch übertragbar. Viren mit hoher *Letalität* wie *MERS-CoV* begrenzen ihren Aktionsradi-us auf vergleichsweise weniger Patienten. Dies ist auch bei den seit 1976 grassierenden Infektionen mit dem *Ebolavirus* in länd-lichen Gebieten Afrikas zu beobachten. Diese blieben jedoch be-grenzt, was unter anderem auch mit der Todesfolge bei siebzig bis neunzig Prozent der an *Ebola* Erkrankten zusammenhängt.

Viren stehen, wie auch andere Krankheitserreger, vor einem Dilemma: Je tödlicher die von ihnen verursachten Erkrankungen sind, desto mehr kommt es zum Rückgang der Wirtspopulation. Damit werden Infektionsketten mangels Masse unterbrochen und die Verbreitung der Erreger eingedämmt.

Die zurzeit grassierende *Pandemie* mit *SARS-CoV-2* hat weit-aus mehr Länder und mehr Menschen erfasst als die Vorgänger-viren *SARS-CoV-1* und *MERS-CoV* zusammen. Für die Verbreitung und die *Persistenz* eines Virus ist die Strategie, den Wirt umzubringen, unproduktiv. Denn auf diese Weise sägt auch ein Virus an dem Ast, auf dem es sitzt. Bei *Covid-19* ist die Sterberate wesentlich geringer als bei *SARS* und *MERS* und liegt nach einer länderumfassenden Studie bei 0,2 Prozent. Berechnet man die *Letalität* nach Altersgruppen, liegt sie zwischen 0,01 Prozent bei den unter 65-Jährigen bis zu 2,0 Prozent in der Altersgruppe über 75 Jahre. Ein höheres Sterberisiko besteht bei immungeschwächten Personen und bei solchen mit zusätzlichen Grunderkrankungen wie Diabetes, Übergewicht und Herz-Kreislauf-Erkrankungen.

Infektionserkrankungen mit hoher Todesrate sind oft die Folge eines Zusammentreffens von neuartigen Erregern mit darauf unvorbereiteten Wirten. Ein bekanntes Beispiel ist die Einschleppung der *Variola* (*Pockenviren*) in die Neue Welt. Dieser Umstand führte zu einem drastischen Rückgang der indianischen Urbevölkerung und indirekt zum Sieg der spanischen Konquistadoren, die gegen diese Krankheit überwiegend immun waren. Auf umgekehrtem Weg wurde die *Syphilis* um 1494 aus Amerika nach Europa eingeschleppt, wo sie bis in das 20. Jahrhundert hinein weit verbreitet war.

Ist die Angst vor neu auftretenden Seuchen, die mit der *Covid-19-Pandemie* entfacht wurde, daher berechtigt? Auf jeden Fall sind solche Ereignisse, vor allem durch *Zoonoseerreger*, auch in Zukunft sehr wahrscheinlich.

Aus bisher unerklärlichen Gründen ist mit dem Auftreten von *Covid-19* die Grippe (*Influenza*), die jährlich tausende von Todesopfern fordert, in den Hintergrund getreten.

Nach Angaben der WHO und des Robert-Koch-Institutes sind die Fälle an *Influenza* weltweit seit Mitte April 2020 auf ein viel niedrigeres Niveau zurückgegangen als erwartet. Die WHO vermutet, dass dies mit den Maßnahmen zur Eindämmung von

Covid-19-Infektionen zusammenhängt. Allerdings widerspricht das der Tatsache, dass die auf ähnliche Weise wie die *Influenza* übertragenen *Covid-19*-Erkrankungen trotz der seit Monaten weltweit durchgeführten Quarantänemaßnahmen und Kontaktbeschränkungen nicht zurückgehen.

SARS-CoV-2 bewirkt wesentlich seltener tödliche Erkrankungen als seine Verwandten, die Erreger von *SARS* und *MERS*. Im Gegensatz zu seinen Vorgängern breitet sich *SARS-CoV-2* viel schneller in der menschlichen Population aus.

Diese Beobachtung lässt hoffen, dass wir Menschen auf längere Sicht mit dem Virus in einer friedlicheren Weise zusammenleben könnten. So wie es auch mit weltweit auftretenden *Coronaviren*, die einfache Erkältungskrankheiten verursachen, der Fall ist. Eine derartig angepasste Immunität der Menschen hätte auch zur Folge, dass schwere Krankheitsverläufe durch *SARS-CoV-2* langfristig abnehmen.

8. Globalisierung und Mikrobenwandel

Wo der eine sein Leben lang nicht aus seinem Geburtsort herauskommt und sich am liebsten an seinem gewohnten Platz aufhält, da fühlt der andere sich auf der ganzen Welt zu Hause. Zu den Sesshaften gehörte der Begründer der modernen Philosophie, Immanuel Kant (1724–1804). Er verbrachte so gut wie sein ganzes Leben in seiner Heimatstadt Königsberg in Ostpreußen.

Kants Zeitgenosse Alexander von Humboldt (1769–1859) trieb dagegen die Reiselust voran. Er unternahm ausgedehnte Forschungsreisen auf drei Kontinenten, durchquerte Urwälder und bestieg unbekannte Gebirge. Im Gegensatz zum Eremiten Kant, der seine Abhandlungen bei sich zu Hause verfasste, schrieb der Kosmopolit Humboldt seine Studien dort, wo er sich gerade aufhielt.

Auch in der Mikrobenwelt gibt es Eremiten und Kosmopoliten. Manche Mikroorganismen fühlen sich nur an Orten mit bestimmten Bedingungen wohl und leben in einer Umgebung gemeinsam mit sonstigen Organismen, an die sie angepasst sind. Andere suchen ihr Glück in der weiten Welt und scheuen weder neue Gegenden noch neue Wirte, bei denen sie gerne einkehren.

Mittlerweile sind mehr als zehntausend unterschiedliche Arten von Bakterien bekannt. Seit den letzten Jahren stammen die meisten Beschreibungen neuer Mikroben aus China und Südkorea. Das sagt jedoch weniger etwas über das geographische Vorkommen der Mikroben aus, sondern mehr über die aktuellen geographischen Zentren des technologisch-wissenschaftlichen Fortschritts.

Bei der Gesamtzahl der für Menschen *pathogenen* Mikroorganismen kommt man auf eine Summe von 1415 Spezies, die sich über 472 verschiedene Arten verteilen. An erster Stelle stehen hier die Bakterien mit achtunddreißig Prozent, gefolgt von den Pilzen (22 %) und den Würmern (20 %). Die Viren (15 %)

und Protozoen (5 %) umfassen das restliche Fünftel der „Übeltäter". Demnach gelten von den zehntausend bekannten Bakterienarten nur 5,4 Prozent als *humanpathogene* Krankheitserreger. Von den 38.000 beschriebenen *Protozoenarten* sind es sogar nur 0,17 Prozent. Auch viele Viren koexistieren seit Beginn der Menschheitsentwicklung mit unserer *Spezies*, ohne uns zu schaden.

Diese Zahlen zeigen, dass das Ziel der Mikroorganismen in erster Linie nicht darin besteht, bei Menschen und anderen Lebewesen Krankheiten zu erzeugen. Es geht vielmehr darum, möglichst alle auf der Erde vorhandenen ökologischen Nischen zu besetzen und so als Teil der Artengemeinschaft zur Fülle der Natur beizutragen.

„Die Schöpfung hat sich so breitgemacht, da ist nichts leer. Alles voll Gewimmels", schrieb der Dichter und Naturwissenschaftler Georg Büchner (1813–1837) zu einer Zeit, in der man von Bakterien und Viren noch nichts wusste.

Wie kommt es nun, dass manche Mikroorganismen uns krank machen? Oft sind Mikroben mit einem bestimmten Wirt assoziiert, mit dem sie in einem Zustand der Symbiose oder zumindest der friedlichen Koexistenz leben. Wirt und Mikroorganismus „kennen" sich seit unzähligen Generationen und sind aufeinander eingestellt. Beispiele hierfür sind die Bakterien unserer Darm- und Hautflora, die viele nützliche Aufgaben erfüllen [2].

Zum Krankheitserreger werden Mikroorganismen oft erst, wenn sie von ihrem Herkunftswirt auf eine andere *Wirtsspezies* übergehen. Der Eintritt in eine neue *Spezies* mit einem unterschiedlichen zellulären Aufbau und Stoffwechsel, gekoppelt mit einem dem Eindringling gegenüber naiven Immunsystem, kann verheerende Folgen nach sich ziehen. Ein Beispiel sind *enterohämorrhagische E. coli* (*EHEC*). Diese Bakterien produzieren Giftstoffe (*Shigatoxine*), die vom Rind als ihrem ursprünglichen Wirt toleriert werden, die aber den neuen Wirt „Mensch" erheblich schädigen.

Die ursprünglichen Wirtsorganismen können durch ihre genetischen Anlagen eine angeborene Immunität [9], gegen die *pathogenen* Eigenschaften eines Erregers besitzen. So leben *Borrelien* unauffällig auf Nagetieren und Vögeln. Sie werden über Zeckenbisse auf Menschen übertragen, die dadurch eine *Borreliose* entwickeln. *Corona-* und *Ebolaviren* sind in Fledermausarten heimisch und führen bei direktem Kontakt oder durch eine indirekte Übertragung auf Menschen zu Erkrankungen.

Somit besteht ein Reservoir von potentiellen Krankheitserregern in der Natur, aus welchem diese in den Menschen gelangen können. Von den für Menschen *pathogenen* Mikroorganismen leben achtundfünfzig Prozent in mehr als nur einer tierischen Wirtsspezies. Wenn die ursprüngliche Quelle eines Krankheitserregers ein Tier ist, spricht man von einer *Zoonose*. Zoonosen machen mehr als siebzig Prozent der bei Menschen neu aufgetretenen Krankheiten aus.

Das Spektrum der als Erregerreservoir zur Verfügung stehenden Tiere ist reichhaltig. Den größten Anteil daran haben die Säugetierarten. Mit 250 *Zoonoseerregern* stehen die Huftiere an erster Stelle, gefolgt von Fleischfressern, Nagetieren, Affen, Fledermäusen und anderen Säugerspezies. Nicht säugende Tierarten umfassen weniger als zehn Prozent der *Zoonoseerreger*. Je größer das Wirtsspektrum eines Mikroorganismus innerhalb des Tierreiches ist, desto größer ist die Chance, dass dieser sich zu einem neu auftretenden Krankheitserreger entwickelt. Dies zeigt sich besonders bei *Coronaviren*, die ein außergewöhnlich umfangreiches Artenspektrum an tierischen Wirten befallen können.

„Das ganze Unglück der Menschen rührt allein daher, dass sie nicht ruhig in einem Zimmer zu bleiben vermögen", hatte der französische Mathematiker, Physiker und Philosoph Blaise Pascal

(1623–1662) schon erkannt. Für Menschen mit affektiver und kulinarischer Neugierde auf Tiere, die normalerweise nicht zum gewohnten menschlichen Speiseplan gehören, trifft das Bonmot durchaus zu.

Durch die Globalisierung kommen Menschen heutzutage öfter in Kontakt mit für sie ungewohnten Lebensmitteln, Organismen und nicht zuletzt mit Bewohnern geographisch weit entfernter Kulturkreise. Potentiell erhöht dies die Wahrscheinlichkeit, sich mit *Zoonoseerregern* durch direkten und indirekten Kontakt zu infizieren.

Dies zeigte sich an der Ausbreitung der *Covid-19*-Erregers, *SARS-CoV-2*. Das Virus stammt ursprünglich mit hoher Sicherheit aus Fledermäusen. Von diesen gelangte es direkt oder über einen weiteren Zwischenwirt in den Menschen. Als Ursprungsort der Epidemie gilt die chinesische Stadt Wuhan. In ein paar Wochen breitete sich das Virus über die gesamte Welt aus, was mit seiner hohen Ansteckungsfähigkeit und enormen Anpassungsfähigkeit zu erklären ist.

Glücklicherweise sind nicht alle *Zoonoseerreger* in der Lage, sich innerhalb ihrer neuen Wirtsspezies durch weitere Ansteckungen von Mensch zu Mensch zu verbreiten. *HIV, SARS-CoV-2* und *EHEC* sind Beispiele von Erregern, die das geschafft haben. Für viele andere *Zoonoseerreger* seien es Viren oder Bakterien, ist der infizierte Mensch ein Endwirt, der die Erkrankung kaum oder nicht auf andere Menschen übertragen kann.

Bestimmte Tabus, was Nahrungs- und Lebensgewohnheiten betrifft, gab es schon zu biblischen Zeiten. Manche davon haben sicherlich ihre Berechtigung, vor allem, was die Verbreitung von *Zoonosen* und anderen Erkrankungen betrifft. Die Gepflogenheit in Teilen Ostasiens und Afrikas, Wildfleisch zu verzehren, hat auch zur Verbreitung von *Coronaviren* und *HIV* aus ihren ursprünglichen tierischen Wirten, wie Fledermäusen und Affen, beigetragen.

Ebenso wird der Ursprung von *SARS* und *Covid-19* mit dem Verzehr von Wildtieren in Zusammenhang gebracht. Die Passage über unterschiedliche Zwischenwirte kann die Virulenz eines Erregers noch steigern. Ein Beispiel dafür ist *MERS-CoV,* ein Virus, das mit dem Weg über den Zwischenwirt Dromedar seine *Virulenz* für Menschen enorm erhöhte.

Welche Faktoren spielen bei der Ausbreitung von *Zoonosen* eine Rolle?

Zum einen die Massentierhaltung, da die Ansteckung von Tier zu Tier und auch zu den in diesem Bereich arbeitenden Menschen sehr begünstigt wird. Ein Beispiel dafür ist die rasante Ausbreitung von *SARS-CoV-2* auf Nerzfarmen und den dort Beschäftigten in Dänemark und anderen Ländern. Dies führte auch zum Entstehen von neuen Mutanten des Virus, wobei die infizierten Nerze keine oder wenig Symptome entwickelten.

Weiterhin spielt der Handel mit Wildtieren auf Tiermärkten, wie es in asiatischen Ländern häufig vorkommt, eine Rolle. Auch in afrikanischen Ländern ist der Verkauf von sogenanntem Buschfleisch, wozu auch Affen gehören, zwar verboten, oft jedoch kaum durchsetzbar.

Zumindest was unser Essen betrifft, sollte bei Aufenthalt in Infektionsgebieten die Regel der Weltgesundheitsorganisation als Richtschnur gelten:

„Peel it, boil it, cook it or forget it!"

9. Was mich nicht umbringt, macht mich stärker

Bei aufflammenden *Epidemien* durch Viren, Bakterien und andere Krankheitserreger wird deutlich, dass infizierte Menschen unterschiedlich schwer, oder gar nicht erkranken. Dies zeigt sich auch in *Epidemien* mit *Influenza-* und *Coronaviren*. Neben dem Lebensalter, zusätzlichen Erkrankungen und der körperlichen Konstitution spielt die Aktivität des Immunsystems hierbei eine wichtige Rolle. Es entwickelt sich im Verlauf unseres Lebens und unterliegt dabei individuell unterschiedlichen Einflüssen.

Bleibt ein Stück Fleisch für ein paar Tage bei Raumtemperatur liegen, wird sichtbar, was mit uns geschähe, hätten wir kein Immunsystem. Als „Körperpolizei" schützt es uns rund um die Uhr vor den Angriffen der Mikroorganismen. Im Blut eines Menschen tummeln sich bis zu hundert Milliarden Immunzellen (*Leukozyten*), deren Masse circa eineinhalb Kilogramm beträgt. Die Lebensdauer der Körperpolizeizellen reicht von ein paar Tagen (*Granulozyten*) bis zu einigen Monaten (*Monozyten*). Etwaige Pensionsansprüche spielen bei diesen Polizisten daher keine Rolle.

Im Verlauf der Embryonalentwicklung schützen uns mütterliche *Antikörper*, die der Fötus über die Plazenta erhält. Sie sorgen dafür, dass viele Bakterien und Viren, mit denen die Mutter im Laufe ihres Lebens in Berührung kam, dem wachsenden Embryo nichts anhaben können.

Mit dem Verlassen des Geburtskanals stürzen sich sowohl hilfreiche als auch gefährliche Mikroben auf uns. Haben wir das Glück, gestillt zu werden, hält der Infektionsschutz durch die *Antikörper* aus der Muttermilch an. Da das eigene Immunsystem bei Neugeborenen noch nicht voll entwickelt ist, brauchen Säuglinge diesen Schutz, bis ihr eigenes Immunsystem die Aufgabe selbst übernehmen kann. Kinder, die ohne Muttermilch aufwachsen, sind in dieser Entwicklungsphase anfälliger für Infekte.

Manchmal brauchen aber auch Erwachsene einen Schutz durch *Antikörper*, die uns per Spritze als „passive Immunisierung" verabreicht werden. Beispielsweise bei Verdacht auf eine *Tetanusinfektion* durch verschmutzte Wunden, oder auf *Botulismus* durch verseuchtes Essen [24]. Die mit dem Immunserum verabreichten *Antikörper* neutralisieren die *Toxine* der Tetanus- und Botulismusbakterien, bevor sie lebensbedrohliche Vergiftungen auslösen können. Für eine „aktive" Immunisierung bliebe bei so einer Infektion nicht genug Zeit. Die Bakterientoxine hätten uns längst umgebracht, bevor unser Immunsystem *Antikörper* gegen diese Giftstoffe gebildet hätte.

Eine „aktive" Immunisierung ist ein natürlicher Prozess. Sie ist das Resultat von Infektionen, die wir uns durch viele bakterielle und virale Krankheitserreger zuziehen. Allerdings braucht es ein paar Wochen, bis das Immunsystem ausreichend *Antikörper* und Abwehrzellen gegen die eingedrungenen Infektionserreger gebildet hat.

Schutzimpfungen verlaufen nach demselben Prinzip. Mit dem Unterschied, dass hierbei abgeschwächte oder sogar nur Bestandteile von Krankheitserregern verabreicht werden. Die dabei verwendeten Impfstoffe ähneln in ihrem Aufbau den *pathogenen* Mikroben, Viren und *Toxinen*. Jedoch sind sie für den Menschen prinzipiell ungefährlicher als die ursprünglichen Erreger beziehungsweise deren Giftstoffe.

Im täglichen Zusammentreffen mit den Mikroorganismen aus der Umwelt liegt das Trainingscamp, in dem wir das Immunsystem stärken und für zukünftige Auseinandersetzungen schulen. Wie beim Sport die Muskeln, „trainieren" wir dabei die Zellen unseres Immunsystems, um mit unserer „erworbenen Immunität" fit für den Kampf gegen Infektionserreger zu sein.

Unser Schutz vor Bakterien, Viren und Toxinen wird zu einem großen Maß auch durch die angeborene Immunität beeinflusst.

Diese begleitet uns von Beginn unseres Lebens. Die von Mensch zu Mensch unterschiedlichen genetischen Anlagen bestimmen die individuelle Widerstandskraft gegen Krankheitskeime und Giftstoffe. Die angeborene Immunität erfordert daher kein spezifisches Training. Es sind vielmehr Erbanlagen wie die Blutgruppen und das Humane Leukozyten Antigene (*HLA*)-System, welche unsere angeborenen Abwehrreaktionen auf Infektionserreger mitbestimmen.

Auch Komponenten im Aufbau der Körperzellen und des Stoffwechsels spielen eine Rolle bei der natürlichen Resistenz gegen *pathogene* Keime. Eine generelle Schutzwirkung kommt dabei den *Defensinen* zu. Diese Eiweißstoffe werden von höheren Organismen gebildet und wirken hemmend auf Bakterien, Viren und *Toxine*. Bei Infektionen aktivieren sie zusätzlich das körpereigene Immunsystem.

Moderne biologische Verfahren wie die Technologie *CRISPR/Cas* ermöglichen es inzwischen, eine „angeborene" Immunität durch gentechnische Veränderungen zu erzeugen. Im Fall der gegen *HIV* resistenten Zwillinge in China blockierten die Wissenschaftler die Andockstelle (*CCR5 Gen*), über die das *AIDS*-Virus in seine Zielzelle gelangt. Da der Eingriff im frühen Embryonalstadium erfolgte, tragen auch die Keimzellen der so behandelten Menschen dieses Merkmal. Dadurch wird die genetische Veränderung auch auf die Nachkommen der Behandelten weitervererbt.

Solche Manipulation bergen potentielle Gefahren. Da man die vielfältigen Funktionen der einzelnen Gene nicht immer kennt, sind schädliche Nebenwirkungen nicht auszuschließen. Erweisen sich solche Genveränderungen später als riskant, sind sie bereits Teil des Genpools zukünftiger Generationen von Nachkommen geworden.

Damit können sie nicht mehr „ungeschehen" gemacht werden!

Offiziell sind derartige Experimente am Menschen (noch) verboten. Der für diesem Fall verantwortliche chinesische Wissenschaftler He Jiankui wurde daher zu einer dreijährigen Haft- und zu einer hohen Geldstrafe verurteilt.

Die Frage nach der Notwendigkeit von Schutzimpfungen war und ist oft Gegenstand kontroverser Diskussionen. Grundsätzlich sollte man das Risiko minimieren, sich mit Krankheitserregern zu infizieren. Hierzu gehören neben Hygiene auch Schutzimpfungen. Jedoch sind nicht alle angebotenen Impfungen für jeden Menschen gleichermaßen sinnvoll.

Vermeintliche Schutzmaßnahmen können sich auch als Nachteil erweisen, wenn dadurch unser Immunsystem überfordert oder aber nicht genug herausgefordert wird. Auch bietet eine möglichst keimfreie Umgebung, außer in bestimmten medizinischen Notfällen wie bei einer Transplantation, keinen dauerhaften Schutz. In der Natur ist das Gegenteil der Fall. Keimfrei aufgezogene Versuchstiere sterben an banalen Infektionserregern, die für natürlich aufwachsende Tiere harmlos sind.

Der übertriebenen Furcht vor Ansteckung mit Isolation und übermäßigem Desinfizieren zu begegnen, trainiert unser Immunsystem ebenso wenig wie der Aufenthalt im Fernsehsessel unsere Muskeln.

Auch dann, wenn wir bevorzugt Sportsendungen sehen!

Der Kontakt mit der Welt ist von Geburt an erforderlich, um das Immunsystem täglich auf dem „aktuellen Wissensstand" zu halten. Das trifft genauso auf unser „geistiges Immunsystem" zu. Die Begegnung mit vielfältigen Sichtweisen und Weltanschauungen schult einen wachen Verstand, um das für ihn Richtige und Falsche besser zu erkennen. Wir sollten daher die Auseinandersetzung mit unterschiedlichen Meinungen nicht scheuen, unabhängig davon, ob sie uns zusagen oder nicht. Ein Schutz durch eine, im geistigen Sinne „keimfreie Umgebung", ist nur im Kleinkindalter sinnvoll, wenn wir hilfebedürftig und unselbstständig sind.

Mit fortgeschrittener Entwicklung müssen wir unsere „geistige Immunität" ebenso gut trainieren wie den Körper. Der heutige Mensch sollte auch in geistiger Hinsicht soweit erwachsen sein, dass er keine, wie auch immer gearteten „Führer" mehr braucht. Zumindest, wenn er vorhat, seinen eigenen Neigungen und seiner Bestimmung zu folgen.

10. Impfungen: Jeder Schuss ein Treffer?

Oft wird die Auseinandersetzung zwischen Menschen und Krankheitserregern mit einem Krieg verglichen, den wir uns mit einem unsichtbaren Feind liefern. Beim Zielen auf den mikrobiellen Gegner hoffen wir, den entscheidenden Treffer zu vollbringen. Erzielen die Schüsse keine Wirkung, brauchen wir andere Waffen. Erweist sich unser Schuss jedoch als Rohrkrepierer, können wir sogar durch die eigene Waffe verletzt oder getötet werden.

Ähnlich verhält es sich mit Impfungen gegen Krankheitserreger. Manche Impfschüsse, wie beispielsweise gegen *Tetanus*, *Diphtherie*, *Pocken* und *Polio* erwiesen sich als echte Volltreffer. Doch bei weitem nicht alle Infektionskrankheiten, wie zum Beispiel *AIDS*, können durch Impfungen wirksam bekämpft werden.

Impfstoffe sind sehr unterschiedlich, was ihre Zusammensetzung und Wirkungsweise betrifft. Auch die Reaktion des Immunsystems auf die körperfremden Stoffe, die mit dem *Vakzin* verabreicht werden, ist individuell sehr verschieden. Prinzipiell soll die Impfung das Immunsystem darauf vorbereiten, den Organismus mit dem „Steckbrief" eines Erregers vor einer Infektion zu schützen. Dadurch soll verhindert werden, dass ein Krankheitskeim sich im Körper ausbreitet, oder von ihm abgesonderte Giftstoffe ihre schädliche Wirkung entfalten.

Die Geschichte der Impfungen als Schutz gegen Infektionskrankheiten geht weit zurück in die Vergangenheit. Bekannt wurde das Verfahren durch die Versuche des britischen Landarztes Edward Anthony Jenner (1749-1823). Man wusste bereits, dass Menschen, die sich mit den relativ harmlosen Kuhpocken angesteckt hatten, von der zu Jenners Zeit grassierenden *Pockenepidemie* verschont blieben. Jenner benutzte Kuhpocken als Impfstoff an Kindern, denen er danach menschliche *Pockenviren*, (*Variola*) aus Pusteln von Pockenkranken übertrug. Zum

Glück für die kleinen Probanden war Jenners Impfung erfolgreich. Sonst wären die Kinder an den häufig tödlich verlaufenden *Pocken* erkrankt, an denen in jener Zeit jährlich um die 400.000 Menschen starben.

Jenner lieferte somit die Basis für die Entwicklung von Impfstoffen. Diese können aus strukturell ähnlichen (*Kuhpocken*), abgetöteten (*Polio*) oder geschwächten (*Gelbfieber*) Krankheitserregern bestehen.

Solche Impfstoffe sollen die Bildung von spezifischen *Antikörpern* und *Immunzellen* stimulieren, um den Organismus gegen Krankheitserreger gleicher oder ähnlicher Typen zu schützen. Vergleichbar einem Steckbrief, der die Merkmale eines Betrügers enthält, sodass wir bei einer Begegnung mit ihm gewarnt sind und uns entsprechend schützen können.

In manchen Fällen erwies es sich als wirkungsvoller, nur einzelne Bestandteile der Erreger für Impfzwecke zu verwenden. Hierzu gehören inaktivierte Abkömmlinge (*Toxoide*) des *Diphtherie-* und *Tetanustoxins*. Die Impfung mit dem ungefährlichen *Toxoid* ruft eine Immunantwort hervor, die bei einer Infektion mit den *Diphtherie-* bzw. *Tetanus*erregern deren aktive Gifte neutralisiert, bevor sie Schaden anrichten.

Auch Bausteine von Bakterien, wie die *Polysaccharidkapsel* von *Pneumokokken,* sowie von Viren (*Hepatitis B* und *Papillomavirus*) werden als Impfstoffe gegen diese Krankheitserreger verwendet.

Prinzipiell erzeugt ein Lebendimpfstoff, der sich im Organismus für einige Zeit vermehrt, eine bessere Immunantwort als die Impfung mit abgetöteten Viren oder Bakterien. Man verwendet dafür abgeschwächte Krankheitserreger, die keine oder nur noch eine geringe *Virulenz* gegenüber dem Menschen besitzen. Solche Impfstoffe sind weit verbreitet, wie beispielsweise bei der Mumps-Masern-Röteln-Impfung.

Eine weitere Entwicklung ist die Herstellung sogenannter *Vektorviren*, die gentechnisch so verändert sind, dass sie menschliche Zellen zwar infizieren können, jedoch selbst nicht weiter im Körper vermehrungsfähig sind. Einige gegen *Covid-19* entwickelte *Vektorviren*-Impfstoffe basieren auf der Verwendung von *Adenoviren*, die als „Impftaxi" die genetische Information für das *Spike-Protein* von *SARS-CoV-2* tragen.

Wenn die Erbinformation des „Impftaxis" in die menschliche Zelle eingeschleust wird, wird sie, wie bei einer klassischen Virusinfektion, in entsprechende Proteine, sprich die Virusbestandteile, umgesetzt. Unter diesen befindet sich auch der „Taxiinsasse". Beim obigen Beispiel also das *Spike-Protein* von *SARS-CoV-2*. Der Organismus bildet daraufhin *Antikörper* und Immunzellen gegen die Eigenschaft des Krankheitserregers, die mit dem *Vektorvirus* eingeschleust wurden.

Eine weitere Entwicklung von gentechnisch hergestellten Impfstoffen erspart sich gänzlich den Einsatz von abgeschwächten oder veränderten Krankheitserregern oder deren Produkte. In diesem Fall besteht der Impfstoff aus *Nukleinsäuren* wie *DNA* oder *mRNA*. Die *Nukleinsäuren* enthalten die genetische Bauanleitung für Eigenschaften aus Viren, gegen die eine Immunantwort im Menschen erfolgen soll.

Durch die Einschleusung der *Nukleinsäuren* mit der Virusinformation werden die menschlichen Körperzellen zur Produktion der entsprechenden Virusbestandteile veranlasst. Die von den Körperzellen produzierten Virusbestandteile werden vom Organismus als fremdartig erkannt. Sie rufen eine Immunantwort hervor, die gegen natürliche Infektionen mit dem Krankheitserreger schützen sein soll.

Die Technik zur Herstellung von *Nukleinsäure*-basierten Impfstoffen existiert bereits seit über zwei Jahrzehnten. Dennoch wurden *Vakzine* auf der Basis von *Nukleinsäuren* bisher nicht zur Anwendung am Menschen zugelassen. Der seit Dezember 2020 erfolgende Einsatz von *mRNA*-Impfstoffen gegen *SARS-CoV-2* stellt somit eine Premiere dar.

Prinzipiell sind Impfungen geeignet, um bei Menschen und Tieren einen Schutz gegen Infektionen mit bestimmten Krankheitserregern herzustellen. Allerdings gelingt dies nicht bei allen bakteriellen und viralen Feinden, die uns zu Leibe rücken.

Warum ist das so?

Die Auseinandersetzung des Immunsystems mit körperfremden Eindringlingen begleitet alle höheren Organismen einschließlich des Menschen seit Beginn ihrer Entwicklung. Auch Krankheitserreger hatten somit Zeit, Strategien zu entwickeln, um das Immunsystem „auszutricksen". Je nachdem wie effektiv diese Strategien sind, erweisen sich Impfungen gegen solche Viren und Bakterien als wirkungslos oder sogar als ein zusätzliches Gesundheitsrisiko.

Die Strategien der Mikroorganismen, dem Wirtsimmunsystem zu entgehen, sind vielfältig. Günstigenfalls gehen sie mit dem Wirtsorganismus eine *Symbiose* zum gegenseitigen Nutzen ein (*Mikrobiom*). Manche von ihnen integrieren sich auch in die Körperzellen oder im *Genom* ihrer Wirte (*HERV*, Herpesviren, bestimmte Bakterien), um auf diese Weise jahrelang zu überdauern. In ungünstigen Fällen „erwachen" solche „schlafenden" Organismen wieder, um sich im immungeschwächten Wirt zu vermehren (Gürtelrose durch Herpesviren).

Zu den passiven Überlebensstrategien der Mikroben im Wirt gehört ein Wechsel aus Verstecken, Tarnung und Täuschung. Bakterielle Erreger von Gehirnhautentzündungen (*Meningokokken, E. coli*) tragen eine Tarnkappe aus körperähnlichen Strukturen. Damit werden sie vom Immunsystem nicht als fremdartig erkannt und nicht ausreichend bekämpft [21].

Zur Irreführung und Erschöpfung des Immunsystems trägt die fortdauernde Veränderung der Erregeroberfläche bei (*Antigenvariation*). Die Abwehrmaßnahmen des Immunsystems schießen dabei ins Leere, da nie alle im Körper vorhandenen Varianten der Erreger eliminiert werden. Ein Beispiel sind parasitische *Protozoen,* wie die Erreger der Malaria und der Schlafkrankheit. Grippeviren (*Influenza*) mutieren, oder bauen ihre Erbsubstanz so häufig um (*Rekombination*), dass ständig neue *Genotypen* entstehen, die das Immunsystem des Organismus vor immer neue Herausforderungen stellen [22].

Manche Mikroorganismen greifen auch aktiv das Immunsystem an. Dies geschieht durch Umfunktionierung von Immunzellen, die dann als Helfer bei der Vermehrung der Krankheitserreger im Körper fungieren (*Typhus*). Andere Erreger veranlassen das Immunsystem zu *Autoimmunreaktionen*, die sich gegen den Organismus richten (*Borreliose, Syphilis*). Wiederum andere Mikroorganismen bewirken durch Giftstoffe, durch Inaktivierung von *Antikörpern* oder durch Eindringen in die Körperzellen eine Schwächung des Immunsystems (Bakterien, *HIV*).

Einige Viren nutzen sogar die gegen sie produzierten *Antikörper*, um ihre Ansteckungsfähigkeit zu verbessern und das Krankheitsbild auf diese Weise zu verschlimmern. Diese sogenannte *„Antikörper-abhängige Verstärkung"* (ADE) eröffnet den Viren neue Infektionswege und ermöglicht den direkten Angriff auf das Immunsystem ihrer Wirte. Um beim Steckbrief zu bleiben: Der Gesuchte merkt, dass nach ihm gefahndet wird, und reagiert daraufhin noch feindseliger auf seine Umgebung.

ADE spielt bei *Coronaviren* und der durch Stechmücken übertragbaren Tropenkrankheit *Denguefieber* eine Rolle. Die Verwendung eines Impfstoffes gegen *Dengue-Fieber* bei Menschen, die nie zuvor *Dengue-Fieber* hatten, erhöht deren Risiko schwer zu erkranken, wenn sich die Geimpften später mit *Dengueviren* infizieren.

Aus den genannten Gründen ist die Entwicklung von Impfstoffen bis zu ihrer Zulassung zur Anwendung am Menschen ein
langwieriger Prozess. Sie unterliegt strengeren Grundsätzen und
Qualitätskontrollen als die Entwicklung von therapeutischen
Arzneimitteln, denn *Vakzine* dienen zur Prophylaxe und werden
gesunden Menschen aller Altersstufen verabreicht. Nebenwirkungen und Impfschäden sollen mit dem strengen Zulassungsverfahren weitgehend ausgeschlossen werden.

Bei der Entwicklung von Impfstoffen unterscheidet man drei
Phasen. Nach der Prüfung in Tierversuchen testet man das Mittel
an maximal einhundert Freiwilligen, um die erforderliche Dosierung zu ermitteln und grobe Sicherheitsprobleme auszuschließen.

In der zweiten Phase sind bis zur tausend Probanden beteiligt,
wobei die wirkungsvollste Dosis, die benötigte Anzahl der Impfungen und eventuell auftretende Nebenwirkungen geprüft werden.

Im dritten Abschnitt prüft man, ob der Impfstoff vor einer Infektion schützt, die Bedingungen einer Standardisierung erfüllt,
keine Wechselwirkungen mit anderen Impfstoffen zeigt und sel-
tene Nebenwirkungen zu beobachten sind. Hierfür testet man
mehrere tausend gesunde Probanden.

Alle drei Phasen erstrecken sich jeweils über Jahre, was die
lange Zeitdauer einer Impfstoffentwicklung erklärt. Von tausenden Impfstoffkandidaten erreichen nur wenige die dritte Phase.
Verlaufen alle Prüfungen erfolgreich, kann die Zulassung durch
die Gesundheitsbehörden erfolgen.

Selbst bei gründlicher Testung von Impfstoffen kann nicht
ausgeschlossen werden, dass auch nach ihrer Zulassung Nebenwirkungen auftreten, welche die weitere Anwendung verbieten.

Ein Beispiel dafür ist der 2008 zugelassene Impfstoff Pandremix gegen die sogenannte Schweinegrippe. Er enthält Teile von inaktivierten *Influenzaviren* des Typs A (H1/N1). Nach Impfung mit Pandremix kam es zu Fällen von Narkolepsie, einer chronischen Erkrankung, bei der das Schlaf-Wach-Zentrum im Gehirn angegriffen wird. Die Folgen sind Tagesschläfrigkeit, Nachtschlafstörung, Halluzinationen und zeitweiliges Muskelversagen.

Der Zusammenhang zwischen Narkolepsie und Pandremix wurde erst Monate nach den Impfungen bekannt. Ursache waren durch Pandremix erzeugte *Antikörper*, die gegen das *Influenza-Nukleoprotein-A* aktiv waren. Als unerwünschte Nebenwirkung reagierten diese *Antikörper* aber auch gegen den Hypocretin-*Rezeptor* im Gehirn. Dieser *Rezeptor* reguliert den Schlaf-Wach-Rhythmus, wobei Narkolepsie als Folge einer gestörten Rezeptorbindung auftritt.

Glücklicherweise entwickelten nicht alle mit Pandremix Geimpften eine Narkolepsie. Zwischen 2010 bis 2015 wurden um die 1300 Fälle mit dieser Autoimmunkrankheit beschrieben. Die relativ geringe Häufigkeit von Narkolepsie nach Pandremix-Impfung wird darauf zurückgeführt, dass die Antikörper die Blut-Hirn-Schranke passieren müssen, um an den Schlaf-Wach-*Rezeptor* zu gelangen. Dies geschieht aber nur bei Entzündungen und Infektionen möglich. Die Gefahr, das Krankheitsbild auch Jahre nach der Impfung mit *Pandremix* zu entwickeln, bleibt potentiell jedoch lebenslang bestehen.

11. Coronaviren: Saboteure im Immunsystem

Impfstoffe gegen *Coronaviren* stehen seit dem Ausbruch von *Covid-19* Erkrankungen im Dezember 2019 hoch im Kurs. So hoch, dass sie im Eiltempo die Stationen passiert haben, die sich bei normalen Zulassungsverfahren über jahrelange Zeiträume erstrecken. Mittlerweile liegen an die 150 potentielle Impfstoffkandidaten gegen *Covid-19* vor. Diese sind unterschiedlich gestaltet, sodass für jede Impfstrategie das Passende dabei ist.

Eine kleinere Zahl auf *mRNA* und *Vektorviren* basierter Impfstoffe gegen *SARS-CoV-2* ist bereits für Impfzwecke zugelassen. Diese werden in China, Russland und seit Dezember 2020 auch in westlichen Ländern zur Impfung von Menschen eingesetzt.

Die Idee einer Schutzimpfung gegen *Coronaviren* ist nicht neu. Bald nach dem Ausbruch der häufig tödlich verlaufenden *SARS-Epidemie* 2002 begann man mit der Entwicklung von Impfstoffen zunächst gegen *SARS-CoV-1* und ab 2012 auch gegen das noch tödlichere *MERS-CoV*.

Die bisherige Bilanz der *Vakzine* gegen *SARS* und *MERS* ist eher ernüchternd. Keines davon hat es bis heute zur Zulassung, geschweige denn zur Anwendung gebracht. Der Grund dafür liegt mit in der Natur der *Coronaviren*. Denn diese haben sich als echte Saboteure im Kampf gegen unser Immunsystem erwiesen.

Bereits in Tierversuchen zeigten sich gravierende Probleme mit gegen *SARS* und *MERS* produzierten Impfstoffen. Ein 2005 entwickelter Impfstoff gegen *SARS-CoV-1* bestand aus einem *Vektorvirus* (*Vaccinia*), welches das Gen für den Anheftungsfaktor (*Spike-Protein*) des Virus an die menschliche Zielzelle trug. Mit diesem *Vakzin* erzielte man in Rhesusaffen gute Antikörperreaktionen gegen das *Spike-Protein*. Jedoch bekamen die Affen schwere Lungenschäden, wenn sie zur Prüfung auf den Impfschutz mit *SARS-CoV-1*-Viren infiziert wurden.

Auch mit anderen Impfstoffen gegen *SARS* und *MERS* erzielte man gute Immunreaktionen. Infizierte man die Tiere nach der Impfung mit den Viren, entwickelten sie jedoch schwere Krankheitssymptome, die durch überschießende Entzündungsreaktionen gekennzeichnet waren.

Prozesse, bei denen die körpereigene Immunabwehr das Krankheitsgeschehen verstärkt, werden als *Antikörperabhängige Verstärkung (ADE)* bezeichnet. Dabei bedienen sich die Viren der gegen sie gerichteten *Antikörper*, um mit deren Hilfe in weitere Körperzellen einzudringen. Dadurch verschlimmert sich der Krankheitsverlauf.

Die *ADE* ermöglicht den Viren, Zellen des Immunsystems zu befallen, wodurch überschießende, schädliche Entzündungsreaktionen ausgelöst werden. *ADE* wurde bei *SARS-CoV-1, MERS-CoV, SARS-CoV-2* sowie vierzig anderen Virusarten wie *HIV, Ebola* und *Dengue*-Viren festgestellt.

Coronaviren greifen in angeborene, unspezifische Immunantwort [9] ein. Diese steuert mit der Ausschüttung von Botenstoffen (*Zytokine*) den Ablauf der Immunreaktionen. Eine Sabotage dieses komplexen Mechanismus führt zu Fehlreaktionen. Die schweren Krankheitsverläufe bei *Covid-19* sind daher nicht auf die direkte Wirkung des *Sars-CoV-2*-Virus oder etwa auf das Fehlen von gegen das Virus gerichteten *Antikörpern* zurückzuführen. Gerade schwer erkrankte Patienten bilden häufig hohe Mengen an Virus-spezifischen *Antikörpern* (*IgM* und *IgG*).

Wie kommt es trotzdem zu den schweren Erkrankungen?

Ein Grund ist die überschießende *Zytokinantwort* als Reaktion auf die Virusinfektion. Hierdurch entstehen Entzündungsreaktionen, die auch für die schweren Lungenschäden verantwortlich sind. Weiterhin werden die für die zelluläre Immunabwehr notwendigen *T-Zellen* durch die Viren geschädigt.Die lebensbedrohlichen Verläufe bei *Covid-19* mit organschädigenden (Auto)Immunreaktionen treten bei Patienten mit höherem Lebensalter und Begleiterkrankungen stärker in den Vordergrund, da bei diesen das Immunsystem generell geschwächt ist. Dies erklärt wiederum, warum die Erkrankungen bei jüngeren Patienten nicht oder viel seltener schwerwiegend verlaufen.

Bei *SARS-CoV-1* und *SARS-CoV-2* handelt es sich um verwandte Viren, die ähnliche Krankheitsbilder erzeugen. Dies spricht dafür, dass bei der Entwicklung von Impfstoffen gegen *Covid-19* ähnliche Probleme auftreten könnten, wie zuvor bei den *Vakzinen* gegen *SARS* und *MERS*. Bisherige Untersuchungen mit *Covid-19*-Vakzinen an Versuchstieren ergaben keine eindeutigen Ergebnisse. Dabei kann auch die Zusammensetzung eines Impfstoffes Einfluss auf das Entstehen von *ADE* und einer schädlichen Immunreaktion haben.

Inwieweit Patienten, die eine *Covid-19*-Erkrankung überstanden haben, oder gegen *SARS-CoV-2* geimpft wurden, eine über mehrere Monate hinausgehende Immunität gegen das Virus entwickeln, ist noch unklar. Zweitinfektionen mit *SARS-CoV-2* traten in Abständen von Wochen und Monaten nach Erstinfektion bei Patienten, mit unterschiedlichen Krankheitsverläufen, auf. Ursachen dafür kann ein relativ schneller Verlust der Immunität gegen das Virus sein. Außerdem werden neuartige *SARS-CoV-2-Mutanten* wie 501Y.V2, von Patienten, die bereits eine Infektion mit dem ursprünglichen *SARS-CoV-2* Virus durchgemacht haben, nicht ausreichend neutralisiert.

Auch Ansteckungen mit klassischen *Coronaviren*, als Erreger von unkomplizierten Erkältungskrankheiten, vermitteln keine lang anhaltende Immunität. Zumeist infiziert man sich mit diesen bereits im Kindesalter, ohne dass dadurch ein dauerhafter Schutz gegen erneute Infektionen mit diesen Viren besteht.

Offensichtlich haben die *Coronaviren* Strategien entwickelt, um sich vor einer dauerhaften Immunität ihrer Wirte zu schützen. Diese könnten auch auf *Mutationen* in den *Spike-Proteinen* beruhen, welches die Viren zum Andocken und Eindringen in die Wirtszellen benötigen.

Unter diesem Aspekt ist auch der Anstieg der *SARS-CoV-2*-Varianten wie VOC-202012/01 (B.1.1.7), die im Dezember 2020 in England beschrieben wurde, zu sehen. B.1.1.7 zeigt eine über den Zufall weit hinausgehende *Mutationsrate* im *Spike-Protein* auf. Einige der neuen *SARS-CoV-2* Mutanten zeigten eine erhöhte Resistenz gegen *Antikörper*, die durch Impfung mit neu auf den Markt gebrachten *mRNA*-Impfstoffen [10] erzeugt wurden. Dies deutet auf eine Anpassung der neuen Virusmutanten an die Immunität ihrer menschlichen Wirte gegen das ursprüngliche *SARS-CoV-2*-Virus hin.

Die erstaunliche Anpassungsfähigkeit der *Coronaviren* an neue Wirte wurde auch in Tierversuchen bestätigt. So wird die *Virulenz* von *Sars-CoV-1* für Mäuse durch wiederholt durchgeführte Infektionen dieser Tiere enorm erhöht. Auch das ursprünglich aus Fledermäusen stammende *MERS-Virus,* erfuhr durch die Passage über Dromedare eine so enorme *Virulenzsteigerung*, die tödliche Erkrankungen bei etwa einem Drittel der damit infizierten Menschen bewirkte.

Coronaviren sind als Bewohner bzw. Krankheitserreger fast überall auf der Welt zu Hause. Sie kommen in den unterschiedlichsten Tierarten, wie Hühner, Schweine, Rinder, Katzen, Hunde, Nerze, Mäuse und vielen anderen vor. Auch unter den tierischen Wirten konnte durch Impfungen oft nur eine vorübergehende Immunität gegen *Coronaviren* beobachtet werden. Ursache hierfür ist die Entstehung von Virusvarianten mit unterschiedlichen *Spike-Proteinen*, die eine sogenannte *Kreuzimmunität* ausschließt. Vermutlich spielen daher neben dem Menschen auch tierische Wirte, wie Nerze und andere, eine Rolle bei der raschen Entwicklung und Ausbreitung von Virusmutanten während der *Covid-19-Pandemie.*

Bisher sind sieben verschiedene Varianten von an den Menschen angepassten *Coronaviren* bekannt. Ein Jahr nach Beginn der *Covid-19-Pandemie* wird klar, dass *SARS-CoV-2* nicht das Ende einer Entwicklung darstellt, sondern man sich evolutionär gesehen auf einer Straße befindet, von der man nicht weiß, wo und ob sie überhaupt endet. Mit dem häufigen Auftauchen von neuen genetischen Varianten des *SARS-CoV-2* zeigt sich, dass dieser Prozess längst nicht abgeschlossen ist.

12. Die Kunst des Delegierens, oder teile und herrsche

„Ick muss imma ackern", meckerte Kalle. Er war Hilfsarbeiter bei der Berliner S-Bahn und musste alle Aufgaben verrichten, für die man keine spezielle Ausbildung brauchte, von denen aber jeden Tag Dutzende anfielen. So wie Kalle würde vermutlich auch ein Bakterium reden, wenn es denn so könnte. Als Einzeller muss es sämtliche Leistungen, die wir Menschen an unsere dafür spezialisierten Organe delegieren, in Alleinregie bewerkstelligen.

Bei uns Vielzellern herrscht dagegen Teamarbeit. Den zu Gemüte geführten Alkohol baut unsere Leber ab, währenddessen die Lunge sich um die Atmung und den Gasaustausch kümmert. Der Magen verdaut in dieser Zeit das Essen, und der Darm hat mit der Stoffaufnahme und der Ausscheidung zu tun. Alles Tätigkeiten, die weitgehend unbewusst ablaufen, während wir den größten Teil der Zeit im Kopf mit unseren Gedanken, Sinneserlebnissen und Wünschen beschäftigt sind.

Was in unserem Körper von hundert Billionen (100.000.000.000.000) Zellen und vierzehn spezialisierten Organen bewerkstelligt wird, das muss ein Bakterium in einer Zelle leisten, die zudem noch wesentlich kleiner ist als eine unserer Körperzellen. Aus diesen Gründen ist eine Mikrobe gezwungen, sehr sparsam zu wirtschaften. Die Energie, die ihr dafür zur Verfügung steht, wird immer entsprechend den gerade benötigten Anforderungen eingesetzt. Trotzdem macht ein Bakterium außer zu denken so gut wie alles, was wir mit unseren unterschiedlichen Organen und Gliedmaßen leisten.

Wir bewegen uns mit unseren Beinen – Bakterien benutzen dafür peitschenartige, rotierende *Geißeln* (*Flagellen*), mit denen sie in jede Richtung schwimmen können. Wenn wir uns festhalten, nehmen wir unsere Hände, die Arme und notfalls die Beine zu Hilfe. Bakterien haben dafür eine klebrige Zellwand. Bei vielen ist diese mit haarähnlichen *Proteinen* (*Fimbrien*, *Pili*) bedeckt, mit denen sie sich untereinander verbinden und an belebte und unbelebte Oberflächen anhaften. Dabei können sie auch Sex [26] (*Konjugation*) zum Genaustausch mit anderen bakteriellen Partnern haben.

Wenn wir mit unseren Sinnesorganen etwas sehen, hören, riechen oder schmecken, dann können wir uns zielstrebig darauf hin- oder davon wegbewegen. Anstelle von Augen, Ohren, Nase und dem Mund besitzen Bakterien biochemische Sensoren für Reize in ihrer Umgebung, die sie anlocken oder vertreiben. Von unseren sechs Sinnen (Gleichgewicht, Hören, Sehen, Riechen, Schmecken und Tasten) haben Bakterien, soweit das bekannt ist, nur die letzten drei. Diese funktionieren bei ihnen auch in einer ganz anderen Weise, als wir sie kennen. Möglicherweise haben die Mikroben jedoch noch ganz andere Sinne, von denen wir nur bisher nichts wissen.

Genau wie wir Menschen brauchen viele Bakterienarten Sauerstoff zum Leben. Sie gewinnen damit Energie aus Glucose und geben Kohlendioxid (CO_2) an die Umgebung ab. Bakterien haben genauso wie wir einen Stoffwechsel, um zu leben, sich zu vermehren und um Abfallstoffe auszuscheiden.

Scheint uns die Sonne auf den Kopf, geraten wir ins Schwitzen, um uns dadurch abzukühlen. Unsere Haut schützen wir durch Kleidung oder zumindest mit Sonnencreme. Auch Bakterien müssen sich vor Hitze und dem gefährlichen UV-Licht schützen. Das bewirken sie mit Hüllproteinen (*Chaperone*) und mit Reparaturenzymen, wenn bereits Schäden im Zellinneren aufgetreten sind.

Aber das ist noch längst nicht alles, was Bakterien aufweisen. In unserer Welt sind Giftmörder zum Glück recht selten und wenn sie auf den Plan treten, müssen sie sich ihr Teufelszeug erst von woher besorgen. Viele Bakterien produzieren dagegen todbringende Gifte in Eigenregie. Einige dieser Substanzen richten sich nur gegen ihre eigenen Artgenossen, andere gegen fremde Mikroben und noch gefährlichere Gifte wirken selbst auf uns Menschen tödlich.

Um sich gegen Viren, Mikroben und deren Gifte zu wehren, besitzt unser Körper ein funktionierendes Immunsystem, das mit den meisten Bedrohungen gut fertig wird. Doch auch Bakterien setzen sich gegen solche Angriffe zur Wehr, wobei sie gefräßige Viren (*Bakteriophagen*), tödliche Antibiotika und Konkurrenzbakterien auf vielfältige Weise ausschalten. Auch die Mikroben besitzen ein eigenes „Immunsystem" mit Gedächtnisfunktion (*CRISPR/Cas*). Es ermöglicht ihnen, fremde *DNA*, wie die von außen eindringenden *Bakteriophagen*, zu erkennen und zu zerstören, bevor sie in der Zelle Unheil anrichten kann.

Da diese Fähigkeiten ausschließlich von einer ein- bis zweitausendstel Millimeter (1-2 µm) großen Zelle ausgeübt werden, muss ein Bakterium augenblicklich auf Bedrohungen jeder Art reagieren. Wesentlich schneller, als wir Menschen das meistens tun müssen. Wenn wir von einem Virus infiziert sind, bleibt uns gewöhnlich genug Zeit für einen Arztbesuch, um Heilmittel einzunehmen, und uns nach allen Regeln der Kunst zu kurieren. Für ein Bakterium entscheidet sich in wenigen Sekunden, ob ein *Bakteriophage* sich in seiner Zelle vermehren kann oder nicht. Die Abwehr eines solchen Angriffs muss sofort erfolgen, sonst ist es dafür zu spät.

Auch bei den meisten Formen von Vergiftungen bleibt uns Menschen oft noch die Möglichkeit, ärztliche Hilfe zu suchen. Bakterien hätten für solche Maßnahmen, selbst wenn es unter ihnen Ärzte gäbe, keine Zeit. Trifft ein Antibiotikum auf eine Bakterienzelle, hängt deren Schicksal davon ab, ob sie dagegen resistent ist oder nicht. Im letzteren Fall ist die Sache binnen Kürze zum Nachteil der Mikrobe entschieden.

Gemessen an unseren Kriterien hat ein einzelnes Bakterium

kein leichtes Leben. Allein auf sich gestellt, ist es vielen Gefahren schutzlos ausgesetzt. Daher sucht es, ähnlich wie wir Menschen, nach Unterstützung in der Gemeinschaft. Auch Mikroorganismen bevorzugen es, sich zusammenzuschließen, um sich das Leben einfacher zu machen.

Wenn Bakterien, Hefen oder Schimmelpilze sich auf einem festen Nährboden ansiedeln, bilden sie sogenannte Kolonien. Diese setzen sich aus Millionen ihrer Zellen zusammen und wachsen kreisförmig von innen nach außen. Nach einigen Vermehrungszyklen sieht man solche Kolonien mit dem bloßen Auge als weiße oder farbige Punkte. Ihre Größe variiert von kaum sichtbar bis zu mehreren Zentimetern.

Die Koloniebildung von Einzellern ist als Vorstufe von vielzelligen Lebewesen zu betrachten. Manche Algen existieren in einer Übergangsstufe von ein- zu mehrzelligen Formen. Gemeinsam ist man eben stärker! Nur eine Kolonie aus Millionen Schimmelpilzen produziert genug Penicillin, um sich in ihrem Umkreis den nötigen Freiraum zu verschaffen, der ihre weitere Ausdehnung erlaubt. Ähnliches geschieht bei Bakterienkolonien, die Giftstoffe (*Bakteriocine*) [17] gegen andere Bakterien produzieren oder in unserem Körper einen Infektionsherd formen, um sich die Immunabwehr besser vom „Leib" zu halten.

So wie der Mensch sich einmal entschied, das nomadisierende Dasein des Jägers gegen die sicherere Existenz einer Sesshaftigkeit mit Arbeitsteilung zu tauschen, so ist die Kolonie als Siedlungsform vorteilhaft für das Überleben der Mikroorganismen. Sie ist die Vorstufe zur Bildung von Biofilmen, die sich auf Oberflächen jeglicher Art anheften. Ein Biofilm hat vielerlei praktische Vorteile, da in dieser Gemeinschaft ein einzelnes Bakterium besser vor Umweltstress, Austrocknung und gegen Angriffe durch andere Organismen, sowie vor dem Immunsystem des Wirtsorganismus, geschützt ist.

Denn ein Biofilm besitzt Eigenschaften, die nur in gemein-schaftlicher Leistung der dazugehörigen Organismen zu erbrin-gen sind. Durch Schleimbildung an der Oberfläche erhöht er sei-ne Abwehrkraft gegen Desinfektionsmittel und andere Chemikalien. Mit der gemeinsamen Leistung von Milliarden Bak-terien ändern sich die physikalisch-chemischen Bedingungen (*pH*-Wert, Feuchtigkeit, *Ionenstärke*) in ihrer unmittelbaren Umgebung. Dadurch entsteht ein Mikroklima, welches die Ver-mehrung der Bakterien begünstigt.

Bakterielle Biofilme spielen daher bei Infektionen und Krank-heitsprozessen eine entscheidende Rolle. Vor allem, wenn Mikro-ben medizinische Hilfsmittel wie Katheter, Nadeln, Tuben und andere Zugänge in den menschlichen Körper besiedeln. Auch die Zahnkaries wird durch Säure bewirkt, die beim Abbau von Zu-cker aus der Nahrung durch den bakteriellen Biofilm „Zahn-plaque" entsteht.

In den meisten Fällen bilden sich Biofilme aus unterschiedli-chen *Spezies* von Mikroorganismen. In ihrem Zusammenwirken weisen diese eine breiter gefächerte Resistenz gegen Antibiotika auf, als es die Vertreter der einzelnen *Spezies* vermögen. Diesen Zustand bezeichnet man als bakterielle Interferenz. Biofilme sind in also jeder Hinsicht mehr als nur die Summe der darin befindli-chen Mikroorganismen.

Die Arbeitsteilung mit entsprechender Spezialisierung hat sich in der Natur als vorteilhaft erwiesen, wenn schwierige Aufgaben zu bewältigen sind. Ebenso, wenn eine höhere Entwicklung ange-strebt wird. In der Evolution wurde dieser Weg mit der Entste-hung und Verbreitung vielzelliger Organismen wie Tiere und Pflanzen beschritten.

Das gleiche Prinzip gilt für die Arbeitsteilung in der menschli-chen Gesellschaft. Die Kunst des Delegierens von Aufgaben er-möglicht einen höheren Organisationsgrad und eine bessere Effektivität von Arbeit. Manche Vorgesetzte verstehen sich nicht auf diese Kunst, weil sie ihren Mitarbeitern nicht(s) (zu)trauen. Selbst wenn sie genügend Personal haben, reißen sie zu viele Arbeiten an sich oder kontrollieren jeden Schritt so genau, dass sie ihn auch selbst hätten ausführen können. Damit bleiben sie, biologisch und gesellschaftlich gesehen, auf dem Niveau des Einzel(l)kämpfers stecken.

13. Allein machen sie dich ein oder gemeinsam macht das Leben erst Spaß

„Allein machen sie dich ein", heißt es in einem Lied der Anarcho-Rockband „Ton Steine Scherben". Sicherlich gibt es unter uns Menschen viele Individualisten, die lieber ihren eigenen Weg gehen. Und trotzdem ist kaum jemand gerne zu lange allein, und in jedem von uns wächst zuweilen der Wunsch nach menschlicher Gesellschaft.

Kinder, die in völliger Isolation aufwachsen, haben ein höheres Risiko, früh zu sterben. Sie zeigen oft schwere Störungen in ihrer Entwicklung, das sogenannte Kasper-Hauser-Syndrom. Der Frühmensch konnte in einer übermächtigen Natur nur in der Gemeinschaft der Horde überleben. Erst die moderne Industriegesellschaft ermöglichte es auch dem Einzelgänger, zu existieren. Mit ihren technischen und gesellschaftlichen Veränderungen förderte sie die Auflösung von Gruppen- und Familienstrukturen. Doch ungewollte Einsamkeit kann krank machen und sogar töten. In Großbritannien gründete man wegen der Bedeutung dieses Problems 2017 ein „Ministerium für Einsamkeit".

Wenn wir nun glauben, der Wunsch nach Gemeinschaft sei eine zutiefst menschliche Angelegenheit, die nur auf der Komplexität unserer Psyche beruht, liegen wir daneben. Das Streben, sich dauerhaft oder zeitweilig zusammenzuschließen, ist für alle Lebewesen universeller Bestandteil ihrer Existenz. Diese Eigenschaft liegt bereits in jeder einzelnen Körperzelle begründet.

Experimentell kann man das beim Vermehren von Zellen beobachten, die aus Körpergewebe entnommen wurden. Frisch in Kulturgefäßen ausgesäte Hautzellen heften sich, umspült von einer Nährlösung, an die Innenseite der Schale an. Kurz darauf bilden sie lange Zellfortsätze, die sich wie Ärmchen in alle Richtungen strecken, um nach Partnerzellen zu suchen. Finden sie welche, dann verbinden sie sich mit diesen und wachsen weiter bis zur Bildung eines geschlossenen Zellrasens, der nach ein paar Tagen die Oberfläche der Kulturschale bedeckt. Bleibt die Suche nach Partnern jedoch vergeblich, sterben die Zellen ab.

Nachdem sich der Zellrasen wie ein Gewebeverband geschlossen hat, stellen die Zellen weitere Teilungen ein. Die sogenannte Kontaktinhibition verhindert, dass sich die Zellen gegenseitig erdrücken, denn sie sind auf Kooperation in einem Gewebe, einem Organ, „programmiert". Krebszellen haben diese natürliche Hemmschwelle des Wachstums verloren. Sie vermehren sich ungehemmt weiter und türmen sich in der Kulturschale zu chaotischen Zellhaufen auf [4].

Auch Bakterien leben nicht gerne isoliert. Wenn sie eine feste Oberfläche besiedeln, bilden sie Kolonien, die aus einigen hunderttausend bis zu Millionen einzelnen Bakterienzellen bestehen. Bei ausreichender Feuchtigkeit und genügend Nährstoffen in der Umgebung formen die Bakterien einen dichten Rasen, der als Biofilm [12] natürliche und künstliche Strukturen bedeckt.

Mit der Ausbreitung von Biofilmen zuerst im Wasser und dann an Land wurde unsere in der Urzeit unbelebte Erde von Lebewesen besiedelt. Wer waren diese ersten Kolonisten, die diese unwirtliche Welt belebten? Eine Gruppe von *Prokaryonten* war dafür bestens geeignet. Es sind die *Archaeen*, die neben den Bakterien und den *Eukaryonten* einen eigenen Entwicklungszweig darstellen und bis heute auf der Erde existieren.

Ihre Vertreter sind in der Lage, bei Temperaturen von über 75°C, bei extrem sauren und alkalischen *pH*-Werten sowie bei Salzkonzentrationen von mehr als achtundzwanzig Prozent, wie sie im Toten Meer vorherrschen, zu gedeihen. Viele *Archaeen* benötigen zu ihrem Wachstum keine organische Materie, sondern assimilieren CO_2 durch sauerstoffunabhängige Energiegewinnungssysteme. In der heutigen Welt findet man *Archaeen* in vulkanischen Gebieten, salzhaltigen Gewässern und in sauerstoffarmen Zonen der Erde, aber auch als Bestandteil der Darmflora des Menschen und der Tiere.

Die in Sedimenten gefundenen, versteinerten mikrobiellen Biofilme sind Schätzungen zufolge 3,5 Milliarden Jahre alt. Sie bestehen aus komplexen Gemischen von Mikroben, die in der Lage waren, gelöste organische und anorganische Stoffe zu binden und einzulagern. Mikrobielle Biofilme waren die ersten Pioniere, um extrem lebensfeindliche Gebiete auf der Erde für die belebte Welt urbar zu machen.

Durch die Besiedlung von Gesteinsformationen mit Mikroben, die zur *Photosynthese* befähigt waren, bildete sich die sauerstoffreiche Erdatmosphäre, die das heutige Leben erst ermöglichte. Auch unsere fossilen Energieträger wie Kohle, Öl und Gas wären ohne den mikrobiellen Umbau von zerfallender organischer Materie nicht entstanden.

Unsere Welt wäre längst zu einer kompletten Müllhalde verkommen, wenn Mikroorganismen Abfallstoffe nicht so vortrefflich in ihre elementaren Bestandteile zersetzen könnten. Das trifft nicht nur auf biologische und mineralische Materie zu, sondern ebenso auf durch den Menschen in die Umwelt gebrachte Produkte, wie Kunststoffe, Mineralölprodukte und Chemikalien.

Für den Aufbau der ersten Lebensformen auf der Erde standen ausschließlich anorganische Ausgangsstoffe zur Verfügung. Algen, Flechten und Pflanzen sowie verschiedene Bakterienarten vermögen es durch *Photosynthese* oder auf chemischem Weg, Eiweiß-, Fette und Zuckerverbindungen aus Wasser, Mineralien, Stickstoff und CO_2 herzustellen. Solche Art Lebewesen, die für ihr Wachstum keine organischen Grundstoffe benötigen, nennt man *autotroph*.

Die Aktivität der *autotrophen* Organismen bildete die Grundlage für die Existenz von *heterotrophen* Lebewesen, die organische Materie wie *Glucose* für ihr Wachstum brauchen. Zu diesen gehören viele Bakterienarten sowie Pilze, die Tiere und nicht zuletzt der Mensch. Durch den Abbau organischer Substanzen durch *heterotrophe* Organismen entsteht das gasförmige Kohlendioxid (CO_2), welches von den Pflanzen und anderen *autotrophen* Organismen als lebenswichtiger Grundstoff für ihren Aufbau benötigt wird.

Durch diesen Zyklus stehen sämtliche Lebewesen auf der Erde in gegenseitiger Abhängigkeit und formen ein Geflecht, das ihrer aller Existenz ermöglicht. Diese Einheit reicht von der einzelnen Zelle, die ihre Partner sucht, bis hin zur Gemeinschaft der Lebewesen auf der Welt, einschließlich der fossilen Spuren, die sie hinterlassen haben.

Wir Menschen sind ein kleiner Teil dieses Geflechts. Die Folgen unserer Handlungen müssen wir daher nicht isoliert, sondern stets im Zusammenhang mit der Gemeinschaft aller Lebewesen beurteilen.

14. Die Welt ist nicht genug

So heißt der Titel eines James-Bond-Films, in dem der Super-agent sich mit Terroristen herumschlägt, die nach der Atombombe greifen. Manche Politiker scheinen auch der Ansicht zu sein, ein paar Bomben wären eine Option, wenn man sieht, wie leichtfertig sie mit der nuklearen Karte spielen. Auch wenn die Namen dieser Wirrköpfe sich mit ihrem politischen oder dem biologischen Verfallsdatum ändern, ihre Drohgesten bleiben stets die gleichen. Denn glaubt jemand ernsthaft, die Menschheit würde nach einem Atomkrieg noch eine Rolle spielen?

Unsere Welt ist ein einzigartiger Ort. Die Gaia-Hypothese von der Erde als lebendiger Planet ist keine abwegige Vorstellung, wenn man bedenkt, dass nach Berechnungen die Menge ihrer gesamten Biomasse 550 Milliarden Tonnen (Gigatonnen) Kohlenstoff beträgt. Die Bakterien nehmen davon 70 Gigatonnen ein, wir Menschen mit 0,6 Gigatonnen nur einen Bruchteil. Dabei beherbergt die Erde weit mehr als sieben Milliarden Menschen. Diese Zahl erscheint uns unvorstellbar, denn bereits bei Menschenansammlungen von über zehntausend Teilnehmern klaffen die Schätzungen über deren Größe weit auseinander.

Wie viel Platz würden die Menschen auf der Erde einnehmen, wenn man sie alle eng beisammenhätte? Um das zu berechnen, setzen wir das Durchschnittsgewicht gemittelt aus allen Erdbewohnern auf siebzig Kilogramm. Das Volumen berechnet sich aus der Masse (70 Kilogramm) geteilt durch die Dichte. Die Dichte eines Körpers ergibt sich aus seiner stofflichen Zusammensetzung.

Für den menschlichen Körper beträgt sie 1055 kg/Kubikmeter (m^3). Daraus ergibt sich für jeden einzelnen Menschen ein Volumen von 0,066 m^3. Multipliziert mit sieben Milliarden erhält man ein Gesamtvolumen von 462 Millionen m^3. Darunter kann man sich aber nichts Konkretes vorstellen.

Zur besseren Vorstellung des Raumbedarfes nehmen wir ein bekanntes antikes Bauwerk, die fast 140 Meter hohe ägyptische Cheopspyramide. Sie hat eine Kantenlänge von 32 Metern und nimmt ein Volumen von knapp 2,6 Millionen Kubikmetern ein. Das Volumen von sieben Milliarden Menschen entspricht demnach etwa 177 Exemplaren der Cheopspyramide.

Zugegeben, es ist eine verrückte Idee, alle Menschen der Erde in ein paar hundert Gebäuden dieses Ausmaßes unterzubringen. Auch ist das Platzproblem auf dem Planeten nicht so gravierend, wie manche Leute behaupten. Trotzdem sollten wir aufpassen, Stadtplaner mit solchen Überlegungen nicht auf falsche Gedanken zu bringen.

Unbestritten sind der Zunahme der Weltbevölkerung Grenzen gesetzt, die wir erahnen, wenn wir Bilder aus den Megametropolen betrachten. Welchen allgemeinen Gesetzmäßigkeiten das Bevölkerungswachstum unterliegt, kann man sich an der Entwicklung einer abgeschlossenen Bakterienkultur veranschaulichen. Diese wird schon nach einem Tag durch die zunehmende Populations dichte mit Nahrungsknappheit und Umweltverschmutzung konfrontiert.

Das Volumen eines Bakteriums beträgt, je nach *Spezies*, zwischen 0,01 und 0,7 μm^3 (Kubikmikrometer!). Das Darmbakterium *Escherichia coli* ist zwei tausendstel Millimeter lang (2 μm) und einen halben tausendstel Millimeter (0,5 μm) dick. Für unser bloßes Auge ist es zu winzig, doch im Lichtmikroskop ist es bei 1000-facher Vergrößerung als ein Stäbchen von einem Millimeter Länge zu sehen.

Seine Winzigkeit kompensiert *E. coli* mit der Geschwindigkeit seiner Vermehrung, die bei 37°C optimal verläuft. Wo bei uns Menschen die Generationszeit circa dreißig Jahre beträgt, braucht es bei *E. coli* nur zwanzig bis dreißig Minuten bis zur Zellteilung. Nach der gleichen Zeitspanne sind aus den zwei Bakterien vier geworden, dann acht, sechzehn, zweiunddreißig und so weiter. Nach sechs bis sieben Stunden beträgt die Menge der Bakterien pro tausendstel Liter (1 ml) einer Kultur etwa eine Milliarde. Acht Milliliter davon enthalten mehr Bakterien, als gegenwärtig Menschen auf der Erde leben.

Wie bereits erwähnt, wächst eine abgeschlossene Bakterienkultur nicht bis in die Unendlichkeit, sondern ist abhängig von den vorhandenen Nährstoffen und den eigenen Ausscheidungen, die sich im Kulturmedium ansammeln. Verbringt man Bakterien in frisches Nährmedium, dauert es sechzig bis neunzig Minuten, bis das exponentielle Wachstum einsetzt. Diesen Zeitraum des „Warmlaufens" nennt man „Lag-Phase". In der exponentiellen Phase verdoppelt sich die Bakterienmenge etwa alle zwanzig bis dreißig Minuten (Abbildung 1).

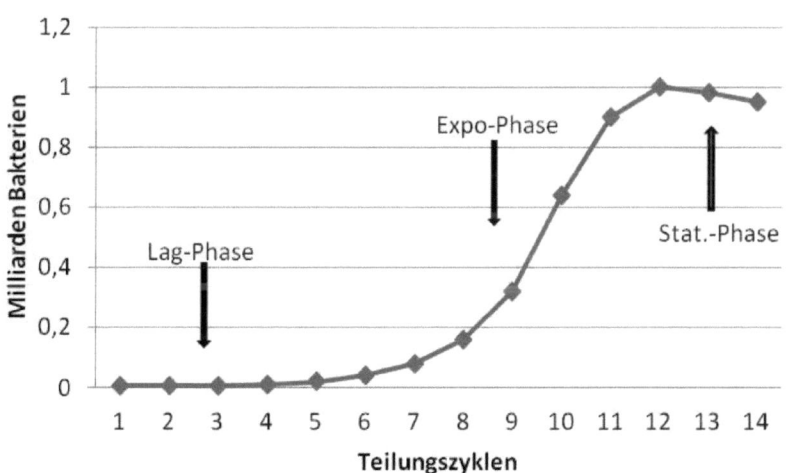

Abbildung 1: Wachstumskurve von Bakterien

Dies hält an, bis alle Nährstoffe verbraucht sind und die Stoffwechselabfälle der Bakterien das Medium zunehmend vergiften.

Dann befinden sich die Bakterien in der stationären Phase, wo sie sich kaum noch teilen und vermehrt absterben. Bringt man Bakterien aus einer solchen stationären Kultur in frisches Nährmedium, wiederholt sich die hier beschriebene Wachstumsdynamik, welche, graphisch dargestellt, als flache, s-förmige Kurve verläuft (Abbildung 1).

Nachdem die Kultur nach fünf bis sechs Stunden das Ende der exponentiellen Phase erreicht hat, befinden sich in einem Milliliter der Nährlösung circa eine Milliarde Bakterien. In 8 ml Nährlösung tummeln sich etwas mehr Bakterien, als Menschen auf der Erde leben (7,7 Milliarden). Diese Bakterienmenge passt in ein Kulturröhrchen von der Größe eines Zeigefingers.

Man könnte versuchen, sich vorzustellen, wie viele Mikroorganismen auf der gesamten Welt Platz haben. Dies ist jedoch hypothetisch, da wir zu wenig über die Grenzen und die Dynamik der bakteriellen Besiedlung der Erde und der Ozeane wissen. Die Zahl ist unvorstellbar, wenn man bedenkt, dass allein die Oberfläche eines einzelnen Menschen mit über hundert Billionen (100.000.000.000.000) Bakterien besiedelt ist. Das Gewicht der Darmbakterien eines Menschen liegt bei circa einem Kilogramm.

Um sich zu veranschaulichen, welchen Raum die acht Milliarden Bakterien einnehmen, trennt man sie von der Nährlösung ab. Dies geschieht mit einer Zentrifuge, einem Gerät, das prinzipiell wie eine Wäscheschleuder funktioniert. Da die Mikroben leichter als Wäschestücke sind, benötigt man mindestens 8000 Umdrehungen pro Minute, um sie am Boden des Reagenzglases anzusammeln.

Nach fünf Minuten Schleudern findet man einen gelblichen, erbsengroßen Klumpen am Boden des Röhrchens. Endlich haben wir die acht Milliarden Bakterien sichtbar vor unseren Augen. Im Vergleich ist das besser fassbar als 177 Cheopspyramiden! Wie hat sich nun die Erdbevölkerung entwickelt, um auf die heutige Population von 7,7 Milliarden zu kommen? Hätte sich die Zahl der Menschen alle dreißig Jahre verdoppelt, wären seit Adam und Eva 1.200 Jahre dafür genug gewesen. Allerdings nur, wenn in diesem langen Zeitraum nicht so viele Leute gestorben wären. Den Homo sapiens als Stammvater der heutigen Menschheit gibt es nach vorliegenden Untersuchungen seit maximal 300.000 Jahren. Der große Anstieg der Bevölkerungszahlen setzte jedoch erst ab dem 17. Jahrhundert ein. Nach Schätzungen lebten zu dieser Zeit um die 500 Millionen Menschen auf der Erde.

Folgerichtig muss es vor dem 17. Jahrhundert eine lange „Lag-Phase" gegeben haben, in der die Menschheit nur sehr langsam zunahm. Im Prinzip ähnlich wie man es bei frisch angesetzten Bakterienkulturen in den ersten sechzig Minuten ihres Wachstums beobachtet. Doch kann man diese Gesetzmäßigkeit überhaupt auf den Menschen übertragen?

In gewisser Weise schon. Nachdem über tausende von Jahren kein oder nur ein geringer Bevölkerungszuwachs zu beobachten war, verlief der Anstieg in den vergangenen dreihundertfünfzig Jahren rasant. Von etwa fünfhundert Millionen Menschen im Jahre 1650 auf über sieben Milliarden heute.

Rechnet man nach, so erscheint diese Zunahme zwar nicht exponentiell, doch darf man bei einem Zeitraum von über dreihundert Jahren den Tod als Begrenzung nicht außer Acht lassen. Außerdem ist die Reproduktionszeit der Menschen auf einen Lebensabschnitt von fünfundzwanzig bis dreißig Jahren eingeschränkt, wohingegen sich ein Bakterium so lange teilt, bis es abstirbt. Nach Schätzungen haben innerhalb der langen Spanne der menschlichen Entwicklung von „Adam und Eva" bis heute um die 108 Milliarden Menschen auf der Erde gelebt.

In Teilen Europas und anderen industrialisierten Ländern beobachtet man, dass die Bevölkerung seit einigen Jahrzehnten stagniert, wenn nicht sogar abnimmt. Ist dort die stationäre Phase des Wachstums erreicht? Begrenzende Faktoren finden sich in Form von Abfällen, welche die Erde, das Wasser und die Luft zunehmend belasten.

Hinzu kommt die Verschmutzung durch hormonähnliche Substanzen aus Pestiziden, Kunststoffen und Kosmetika. Etwa tausend solcher Stoffe, sogenannte *endokrine Disruptoren*, sind bekannt. Viele davon haben krebserzeugendes Potential und vermindern die Fruchtbarkeit der Menschen. Die Belastung des Trinkwassers und der Nahrungskette durch Rückstände von Medikamenten und anderen Umweltgiften ist allgegenwärtig. Dem zu entgehen ist kaum möglich, da gesundheitsschädliche *Pestizide* und *Herbizide* sich auch in Grundnahrungsmitteln wie Obst, Gemüse und Brot befinden können.

Epigenetische Forschungen zeigen, dass der Einfluss solcher Schadstoffe sich darüber hinaus auf die Vitalität künftiger Generationen von Menschen auswirkt. Selbst wenn diese Stoffe heute aus der Umwelt entfernt würden, können ihre negativen Auswirkungen sich noch weit in die Zukunft erstrecken.

In den vom Bevölkerungsrückgang betroffenen Industriestaaten haben auch soziale Aspekte, wie prekäre Beschäftigungsverhältnisse, in Verbindung mit den hohen Wohn- und Lebenshaltungskosten einen negativen Einfluss auf die Gründung von Familien. Auch bei Bewerbungen um Arbeitsplätze können sich Kinder als Nachteil erweisen.

Darüber hinaus kommen vermehrt Glaubenssätze in Teilen der Bevölkerung zum Tragen, die, im Zusammenhang mit der CO_2-Debatte, Kinder als Bedrohung für das Weltklima betrachten [14].

Diese Vorstellungen und Probleme spielen jedoch mehr in den hochentwickelten Industriegesellschaften eine Rolle. In weitaus größeren Teilen der Erde werden ungeachtet von prekären Verhältnissen weitaus mehr Kinder geboren, als es die dort zur Verfügung stehenden Mittel eigentlich zulassen.

Wird die Weltbevölkerung eine stationäre Phase des Wachstums erreichen, in der sie nicht mehr oder kaum noch zunimmt? Das erscheint auf jeden Fall zwingend, da die Ressourcen auf der Erde begrenzt sind und die Abfallprodukte der menschlichen Zivilisation die Umwelt zunehmend belasten.

Die Frage ist nicht, ob das geschieht, sondern vielmehr wie. Wenn das Naturgesetz der Begrenzung von uns Menschen respektiert wird, kann dies auf nachhaltigere und sanftere Weise geschehen als durch Seuchen, Kriege und Umweltvergiftung, wie es schon heute vielerorts der Fall ist.

15. Einheitsbrei bekommt uns nicht

Die Vielfalt der auf der Erde vorkommenden Lebensformen, von den Mikroorganismen bis hin zum Menschen, ist enorm. Nach Schätzungen liegen diese zwischen drei bis zu hundert Millionen *Spezies*. Die große Spannbreite ergibt sich aus der Tatsache, dass zwischen fünfzig und neunzig Prozent der auf der Erde lebenden Arten aller Lebewesen bisher noch nicht bekannt sind. Wie viele es auch sein mögen, nur durch den Artenreichtum in der Natur ist die Anpassungsfähigkeit des Lebens auf dem Planeten gesichert.

Biologische Megakatastrophen, wie das globale Aussterben der Saurier vor fünfundsechzig Millionen Jahren, wurden durch neue, an die veränderte Umwelt besser angepasste Tierarten kompensiert. Die unterschiedlichen Lebensbedingungen auf der Erde erfordern ein enormes Anpassungsvermögen aller Organismen, um sich auf dem Planeten von der Arktis bis zur Wüste auszubreiten. Bis heute ist die Natur in der Lage, sich an gravierende klimatische Veränderungen auf der Erde anzupassen.

Der Mensch als ein Teil der Biodiversität ist von diesen Herausforderungen nicht ausgenommen. Im Verlauf seiner Entwicklung konnte er die gesamte Erde einschließlich der extremen Klimazonen besiedeln. Dabei bildeten sich Menschentypen mit spezifischen Merkmalen heraus, die den jeweils vorherrschenden Umweltbedingungen, Nahrungsangeboten und Krankheiten am besten angepasst waren.

Kosmopoliten, die sich fast über die gesamte Welt ausgebreitet haben, gibt es auch unter Vögeln und Meeressäugern; doch ist der Mensch in dieser Beziehung das erfolgreichste Lebewesen. Dies liegt zum einen an seiner genetischen Ausstattung, die, in Anbetracht der verschiedenen Menschentypen eine große Variabilität aufweist.

Doch noch mehr spielen dabei seine kulturellen Leistungen,

die den Menschen gegenüber allen anderen Lebewesen auszeichnen, eine Rolle. Seine biologische und kulturelle Plastizität ermöglichte ihm selbst das Überleben bei globalen Katastrophen, wie während der tausende von Jahren andauernden Eiszeiten.

Die Erfolgsgeschichte der Evolution des Lebens beruht auf der Fülle und dem Erhalt unterschiedlicher Arten und Unterarten von Lebewesen. Nur diese Vielfalt ermöglicht es, den verschiedenartigen Herausforderungen aus dem ständigen Wandel der Lebensbedingungen adäquat zu begegnen. Das Prinzip der Anpassung durch Variabilität durchzieht die gesamte lebende Welt.

Selbst krankheitsauslösende Viren und Bakterien wären aus ihrer Sicht nicht so erfolgreich, wenn sie nicht durch das Hervorbringen neuer genetischer Varianten unser Immunsystem vor immer neue Herausforderungen stellten. Ein aktuelles Beispiel dafür sind die neu auftretenden Varianten der *Coronaviren*.

Durch ihre unterschiedlichen genetischen Anlagen sind die Menschen als *Spezies* glücklicherweise gegen neu auftauchende *Epidemien* und *endemisch* vorkommende Seuchen gut gewappnet. Die verschiedenen *Blutgruppenantigene* als Indikator für die genetische Vielfalt unserer *Spezies* stehen in engem Zusammen hang mit der angeborenen Immunität gegen Infektionen mit Krankheitserregern. Beispielsweise erwiesen sich Träger der Blutgruppen A, B und AB als widerstandsfähiger gegen die Pest, im Vergleich zu solchen mit der Blutgruppe 0 (Null). Diese wiederum sind besser gegen die Malaria gerüstet als die A-, B- und AB-Typen.

Ungeachtet des Prinzips der Arterhaltung findet in der Evolution fortlaufend eine genetische Vermischung statt. Dieser Prozess betrifft alle Lebewesen, vom Bakterium bis zum Menschen. Die Bildung von *Hybriden* auch über Artengrenzen hinweg kann man als evolutionäres „Versuchslabor" betrachten. Die dabei erfolgende *Rekombination* der Erbanlagen beugt einer Inzucht und damit einer Degeneration vor. Die *Rekombination* der Gene ermöglicht außerdem, schneller auf Veränderungen in der Umwelt zu reagieren als der durch *Mutation* und *Selektion* gesteuerte Evolutionsprozess.

Die Bildung von *Hybriden* aus unterschiedlichen *Spezies* führt bei höheren Organismen oft zu sterilen Nachkommen. Ein Beispiel ist das Maultier, das aus einer Kreuzung von Esel und Pferd gezüchtet werden kann, selbst aber unfruchtbar ist. Die Schranke vor einer weiteren Fortpflanzung resultiert aus der unterschiedlichen Chromosomenzahl der beiden Tierarten. Solche Grenzen sind evolutionär bedingt.

Wenn die völlige Vermischung aller Arten von Vorteil wäre, hätte sie in den Millionen Jahren der biologischen Evolution bereits stattgefunden. In naturbelassenen Lebensräumen herrscht oft eine Vielfalt von Arten, Unterarten und sogar von Rassen vor. Das Geflecht einer Vielzahl von in jeglicher Hinsicht verschiedenen *Spezies* ermöglicht erst eine optimale Anpassung an die Umwelt zum Nutzen aller Organismen.

Eingriffe des Menschen in die Natur, die überwiegend aus wirtschaftlichen Gründen vorgenommen werden, haben oft eine gegenteilige Wirkung. In der industriell betriebenen Agrikultur hält der Trend zur Vereinheitlichung der Sorten von Feldfrüchten und der Nutztierrassen an. Die Folge dieser Landwirtschaft ist eine genetische Verarmung der Nutzpflanzen und Tiere und damit ihre schlechtere Anpassungsfähigkeit an Herausforderungen durch Umwelteinflüsse, Klima und Krankheitserreger.

Aus diesem Grund erfordern Monokulturen von sortenreinen Pflanzen einen breitflächigen Einsatz von gesundheitsschädlichen *Herbiziden* und *Pestiziden,* die in das Trinkwasser und in die Lebensmittel gelangen.

Ähnlich verhält es sich mit den hochgezüchteten Nutztieren. Diese erbringen zwar höhere Fleischerträge, jedoch nur unter

Einsatz von *Wachstumsförderern* und Antibiotika, die den Tieren verabreicht werden. Die Ausscheidungen der Tiere belasten den Boden und das Wasser mit diesen Substanzen, was zu einem zusätzlichen Krebsrisiko führt und zum vermehrten Auftreten von antibiotikaresistenten Bakterien beiträgt.

Der zunehmend betriebene Anbau von gentechnisch veränderten Nutzpflanzen mit „eingebauter" *Herbizid*resistenz verstärkt dieses Problem. Am Beispiel des weltweit am häufigsten eingesetzten Pflanzengiftes Glyphosat hat sich gezeigt, dass dann das Totalherbizid noch unbekümmerter verwendet wird. Damit erhöht sich das gesundheitliche Risiko für die Menschen, zusätzlich trägt es durch die Vernichtung von Wildpflanzen zum Artensterben bei. Da Ökosysteme auf komplexen Verflechtungen von Organismen beruhen, hat dies allgemein Auswirkungen auf die Tier- und Pflanzenwelt. Das Insektensterben ist dabei nur als ein für uns deutlich sichtbarer Indikator anzusehen.

Derartige Eingriffe in die Artenvielfalt setzen eine Kausalkette in Gang, deren Folgen nicht abzuschätzen sind. Kurzfristige finanzielle Gewinne durch höhere Ernteerträge erkauft man mit langfristigen negativen Konsequenzen, für welche die eigentlichen Verursacher nicht aufkommen. Der Erhalt der Arten- und Sortenvielfalt in der Landwirtschaft resultiert vordergründig betrachtet in niedrigeren Erträgen und wirtschaftlichen Verlusten, ist jedoch auf längere Sicht eine Investition in die Natur und damit für unsere Gesundheit.

Der Mensch ist von diesen in erster Linie ökonomisch bedingten Entwicklungen nicht nur in seinem körperlichen Wohlbefinden, sondern auch in seiner geistigen Entfaltung betroffen. Mit der globalen Vernetzung der Produktion, des Warenverkehrs und der Kommunikation macht sich der Trend zur Vereinheitlichung auch in kultureller Hinsicht bemerkbar. Ein zunehmend als gleichförmig empfundenes Medien-, Waren- und Kulturangebot stumpft ab und tötet die Fantasie. Die dabei oft auftretende Vermischung von Nachrichten und Meinung, von moralischen Ansprüchen und Werbung, das sogenannte *Framing*, richtet sich gegen unser freies Denken. Ein solcher „Informationscocktail" wirkt auf die Menschen wie ein „geistiges *Herbizid*", welches anders geartete Vorstellungen nach Möglichkeit gar nicht erst aufkeimen lässt.

Der Druck hin zum „angepassten Bürger und Konsumenten" wird oft mit den Zwängen aus der Globalisierung und der erforderlichen Gleichbehandlung der Menschen begründet. Hintergründig dient er den Interessen gewisser politischer Strömungen und den global agierenden Wirtschaftsunternehmen. Beiden ist im weitesten Sinne an einer Vereinheitlichung der menschlichen Gesellschaft gelegen, da man so auf individuelle Andersartigkeiten sowie unterschiedliche kulturelle und sonstige Bedürfnisse weniger Rücksicht nehmen muss.

In den Regionen der Welt, die von dieser Entwicklung bisher verschont geblieben sind, herrscht dagegen ein buntes Bild verschiedener Kulturen, Sitten und Lebensweisen vor. Gerade das macht das Besondere, die Schönheit und die Stärke der Menschheit in ihrer Gesamtheit aus.

16. Schwarze Seele, schwarzer Tod, oder wie aus Schwäche Böses entsteht

Bei der Frage, was eigentlich so typisch menschlich ist, womit wir uns von allen anderen Lebewesen grundlegend unterscheiden, fallen uns zuerst kulturelle Leistungen ein. Denn vom stofflichen Aufbau her bestehen wir aus den gleichen Hauptbestandteilen (*Nukleinsäuren*, *Proteine*, Kohlenhydrate und *Lipide*) wie alle anderen Lebewesen auch. Doch wir haben den Verstand, den wir den anderen Lebensformen absprechen. Nur der Mensch hat die freie Wahl zwischen Gut und Böse, so meinen wir.

Ob dies immer zutrifft, ist die Frage. Biographien schwerkrimineller Menschen deuten oft auf charakterliche Mängel, die sich als Hyperaggressivität, mangelndem Mitgefühl und in der Missachtung der Rechte anderer zeigen. Diese Eigenarten treten bei solchen Menschen schon im frühen Kindesalter auf. Sie beruhen selten auf einer genetischen Veranlagung oder auf Entwicklungsstörungen. Viel häufiger sind sie auf den prägenden Einfluss von Bezugspersonen mit negativem Sozialverhalten zurückzuführen.

Interessanterweise sind derartige Fehlentwicklungen nicht nur auf uns Menschen beschränkt. Harmlose Bakterien können durch erworbene genetische Defizite zu *obligat parasitären* Krankheitserregern mutieren, die für ihr Überleben auf tierische oder menschliche Wirte angewiesen sind. Solche Mikroben entwickeln Eigenschaften, die uns in ihrer Raffiniertheit als bewusst heimtückisch erscheinen könnten, wüssten wir es nicht besser.

Wie bei notorisch kriminellen Menschen basieren diese Besonderheiten auf einem fundamentalen Mangel. Bei Bakterien resultiert dieser aus genetischen Defekten, denn ein Sozialverhalten im menschlichen Sinn gibt es bei Mikroben nicht. Normalerweise stirbt ein Bakterium, wenn wichtige Funktionen für sein Überleben gestört sind. In einigen Fällen „flüchtet" es sich jedoch in eine *obligat parasitäre* Lebensweise, durch die der entstandene Mangel kompensiert wird. Was das Überleben der Mikrobe sichert, ist für ihren Wirt mit einer schweren Schädigung verbunden.

Das klassische Beispiel für den Abstieg eines Bakteriums in eine *obligat parasitäre* Existenz, verbunden mit dem Aufstieg einer jahrhundertelang gefürchteten Seuche, ist die Pest. Der „Schwarze Tod" forderte in zeitlich aufeinander folgenden Infektionswellen *(Pandemien)* von der Antike bis in die Neuzeit Millionen menschlicher Opfer. Erst durch den Einsatz von Antibiotika hat diese Krankheit viel von ihrem Schrecken verloren.

Wie kam es dazu? Die Entstehung des Pesterregers, *Yersinia pestis*, liegt circa 20.000 Jahre zurück. Im Verlauf seiner Evolution entwickelte das Bakterium ein zunehmend größeres *Virulenz*potential. Seine Entdeckung im Jahre 1894, zur Zeit der der letzten großen Pestpandemie, verdanken wir dem französischen Militärarzt Alexandre Yersin (1863–1943).

Einhundert Jahre nach Yersins Entdeckung fanden Forscher heraus, dass der Pesterreger von dem wesentlich harmloseren Durchfallbakterium *Yersinia pseudotuberculosis* abstammt. Das Verblüffende dabei ist die Tatsache, dass die Wandlung von *Yersinia pseudotuberculosis* zu einer der weltweit tödlichsten Mikroben auf dem Verlust von Erbanlagen, sogenannten „Schwarzen Löchern", im Bakterien*genom* beruht.

Diese genetischen Defekte führten zum Ausfall wichtiger bakterieller *Proteine* und Zellwandbestandteile. Sie zwangen das mutierte Bakterium in ein parasitäres Dasein, wenn es nicht untergehen wollte.

Während *Yersinia pseudotuberculosis* auch außerhalb eines tierischen Wirtes wächst und gedeiht, ist das für *Yersinia pestis* nicht mehr möglich. Als *obligater Parasit* ist der „Schwarze Tod" für sein Überleben auf Nagetiere wie Ratten und Menschen als Wirte angewiesen.

Die Pest existierte in Eurasien schon zur Bronzezeit. Sie verbreitete sich zuerst als Lungenpest, die durch Anhusten übertragen wird. Dieser sehr direkte Infektionsweg begrenzt die Verbreitung des Bakteriums, da man die Pestkranken leicht erkennt und den Umgang mit ihnen meiden kann.

Im Verlauf seiner Entwicklung erlangte *Yersinia pestis* jedoch einen zweiten, wesentlich effizienteren Infektionsweg. Mit dem Preis eines weiteren Gendefektes für das *Enzym Urease* konnte sich das Bakterium nun in blutsaugenden Rattenflöhen vermehren, ohne diese dadurch umzubringen.

Mit den infizierten Flöhen verbreitete sich *Yersinia pestis* rasant. Nachdem das Bakterium durch Flohbisse in den Blutstrom der Ratten gelangt, vermehrt es sich in den inneren Organen. Diese sterben nach kurzer Zeit an den Giftstoffen, welche *Yersinia pestis* ausscheidet. Das rasche Sterben der Ratten treibt die Verbreitung der Seuche voran, denn die Flöhe sind gezwungen, sich ständig neue Wirte zu suchen. In beschleunigter Folge befallen sie mangels Ratten schließlich auch Menschen.

In Europa trat die Pest seit der Antike in kontinentalen Seuchenzügen auf. In nur sechs Jahren, zwischen 1347 und 1353, erlagen um die fünfundzwanzig Millionen Menschen, ein Drittel der damaligen europäischen Bevölkerung, dem „Schwarzen Tod".

Parasitär lebende Bakterien müssen aus ihrer Not eine Tugend machen, wenn sie überleben wollen. Sie eignen sich zusätzliche „Waffen" an, um ihre Überlebenschance im Blutstrom ihrer menschlichen und tierischen Wirte zu verbessern. Solche Werkzeuge erhält ein Bakterium auf dem „Marktplatz der Gene" von anderen Bakterien aus ihrer Umgebung über den *„horizontalen Gentransfer"* [27].

Im Fall von *Yersinia pestis* waren das Gene für Eigenschaften, die sich gegen die Immunabwehr ihrer Wirte richten, um damit die Ausbreitung des Pesterregers im Organismus zu erleichtern.

Auch andere Bakterien haben es geschafft, trotz vieler Gendefekte als *obligate Parasiten* zu überleben. So wie die *Shigellen,* enge Verwandte des harmlosen Darmbakteriums *Escherichia coli.* Den *Shigellen* fehlen genetische Fitnessfaktoren, die für das Überleben in den menschlichen Eingeweiden erforderlich sind. In der Wahl zwischen dem Aussterben und dem Weiterleben als Parasit entwickelte sich *Shigella* im Sinne der zweiten Option weiter. Die Mikrobe erlangte ein Werkzeug, das ihr als Schlüssel dient, in die menschlichen Darmzellen einzudringen.

Wenn *Shigellen* über verseuchte Lebensmittel oder durch Ausscheidungen von Infizierten in unsere Eingeweide gelangen, entziehen die Mikroben sich ihren Nahrungskonkurrenten auf raffinierte Weise. Sie infiltrieren die menschlichen Darmzellen, wohin ihnen die Darmbakterien nicht folgen können. Nachdem sie sich vermehrt haben, wandern die *Shigellen* direkt von einer Darmzelle in die nächste, ohne sich erneut in den Hexenkessel des überfüllten Darmlumens begeben zu müssen.

Die von *Shigella* befallenen Menschen erleiden die Ruhr, eine schmerzhafte, blutige Durchfallerkrankung. Der Name leitet sich vom Aufruhr in den Eingeweiden her. Während die konkurrierenden Bakterien der Darmflora mit dem Durchfall ausgeschwemmt werden, sitzen die *Shigellen* in den Darmzellen sicher auf dem „Trockenen". Durch den Verlust an Wasser und Elektrolyten drohen den Patienten Kreislaufversagen und Tod.

Die Analogie zwischen *obligat parasitär* lebenden Bakterien zu notorisch kriminell gewordenen Menschen liegt auf der Hand. In beiden Fällen fehlt es an Voraussetzungen, die für eine unabhängige, friedliche Koexistenz mit anderen erforderlich sind. Dieser Mangel wird durch parasitäres Verhalten kompensiert, was bei Bakterien zur Schädigung ihres Wirtes, bei Kriminellen zur Beeinträchtigung des menschlichen Zusammenlebens führt.

Eine solche Lebensweise lässt sich auf Dauer nur mit Gewalt

durchsetzen. So wie sich die *obligat parasitären* Bakterien „biologische Waffen" gegen ihre Wirte angeeignet haben, so verwenden kriminelle Mitmenschen Schusswaffen, um ihre Interessen gewaltsam gegen die Gesellschaft „als Wirt" durchzusetzen.

Wie jedes Infektionsgeschehen ist auch die Laufbahn von Kriminellen oft nur ein Spiel auf Zeit. Gewaltverbrechen lohnen sich in „intakten Gesellschaften" auf lange Sicht nicht, da die Verbrecher früher oder später gestoppt werden. Durch Korruption, Machtmissbrauch und moralischen Verfall geschädigte Strukturen sind dagegen ein besserer Nährboden für parasitäre Kriminelle, ähnlich wie es ein geschwächter Wirt für einen Krankheitserreger ist.

17. Kain und Abel im Mikrokosmos

„Homo homini lupus." Der Mensch ist des Menschen Wolf, konstatierte der englische Mathematiker und Philosoph Thomas Hobbes (1588–1679) in seiner 1641 verfassten Schrift „Vom Bürger". Es scheint eine Besonderheit unserer *Spezies* zu sein, dass wir nicht davor zurückzuschrecken, unsere Artgenossen systematisch umzubringen. Doch selbst wenn wir Menschen zumindest in diesem negativen Sinn einmalig sein wollten, wir sind es nicht. Denn viele Bakterienarten verfolgen ähnliche Praktiken. Sie meucheln ihre Brüder mit giftigen Eiweißstoffen, die sie in die Umgebung absondern. Wehe ihren Verwandten, die ihnen dabei zu nahe kommen!

Die Besonderheit dieser *Bakteriozine* genannten Gifte liegt darin, dass sich ihre Wirkung mit einigen Ausnahmen ausschließlich gegen eigene oder verwandte bakterielle Artgenossen richtet. Mikroben anderer *Spezies* sind gegen fremde *Bacteriozine* überwiegend immun. Etwa die Hälfte aller Bakterienspezies produziert *Bacteriozine*, von denen mittlerweile über achthundert Varianten bekannt sind.

Zu unserem Glück ist nicht jeder Mitmensch ein Mörder, genauso ist es auch bei den Bakterien. Um seine Artgenossen zu töten, braucht das Bakterium mindestens ein Gen für die Herstellung des *Bacteriozins* und dazu ein Immunitätsgen, welches gegen die Wirkung des eigenen *Bacteriozins* schützt.

Die genetische Anlage zu einem erfolgreichen bakteriellen Giftmischer liegt auf ringförmigen *DNA*-Molekülen, sogenannten *Plasmiden*. Diese werden durch den Genaustausch (*Konjugation*) in wenigen Minuten zwischen den Bakterien übertragen [26].

Ihre Artgenossen ohne diese *Plasmide* sind empfindlich gegen das *Bakteriozin* und gehören damit zu den potentiellen Opfern ihrer giftmischenden Verwandten.

Bei uns Menschen ist der Griff zum Gift selten von unseren Genen, sondern vielmehr vom Kopf und bisweilen auch von den Hormonen her bestimmt, von wenigen Ausnahmen einmal abgesehen.

Was bringt die Bakterien nun dazu, ihre nahen Angehörigen zu vergiften? Wie bei uns Menschen spielt auch hier der Stress eine entscheidende Rolle. Die Stressoren der Bakterien sind den unseren ebenfalls recht ähnlich. Stress entsteht bei Nahrungsknappheit oder wenn lebensnotwendige Mineralien und Spurenelemente nicht mehr für jeden in genügender Menge zur Verfügung stehen. Da bleibt nur noch übrig, die Population zu reduzieren, wenn nicht alle gemeinsam zugrunde gehen sollen.

Zu viel Stress kann manche Menschen richtig in Wallung bringen und bei den Bakterien ist das genauso. Denn unter Stressbedingungen wird die Produktion von *Bakteriozinen* tüchtig angekurbelt, um im großen Maße wirksam zu werden. Bei diesem Prozess lösen die bakteriellen Giftproduzenten nicht nur ihre Verwandten, sondern sich selbst gleich mit auf. Damit gehen sie dem Bestreben nach Verminderung der Gesamtpopulation mit ihrem eigenen Suizid voran.

Das klingt nach Einsicht in die Notwendigkeit, doch handelt es sich um einen genetisch gesteuerten Ablauf, auf den ein kleines Bakterium keinen Einfluss hat. Der Zweck liegt vermutlich darin, dem Einsatz der „Killerbakterien" ein jähes Ende zu bereiten, nachdem ihr Auftrag erfüllt ist. Sonst würde das Töten ja nie ein Ende nehmen!

Im Kollektivstaat der Mikroben dient eben alles dem Erhalt der *Spezies* und nicht dem einer einzelnen Bakterienzelle [3]!

Würde sich ein Mensch ähnlich verhalten, um damit den ersten Schritt gegen eine als gefährlich empfundene Überbevölkerung zu tun? Eine einzelne Person wohl kaum, doch ganze Kriege wurden schon aus diesem Grund angezettelt. Vor allem von Staaten, bei denen der Geburtenüberschuss nicht mit wirtschaftlicher Prosperität einhergeht. Ein Heer von arbeits- und perspektivlosen jungen Männern gilt mancherorts als potentielle Bedrohung für das eigene politische System. Daher tendieren solche Gesellschaften dazu, Kriege als Ventil gegen eine derartige Bevölkerungsentwicklung einzusetzen.

Zudem erwächst daraus die Chance, sich im Falle eines Sieges am Gegner zu bereichern. Im Gegensatz zu den Bakterien sind wir Menschen jedoch weder von den Genen noch von unserem Kopf her gezwungen, zu so radikalen Mitteln der Bevölkerungspolitik zu greifen.

In unserer eigenen Gesellschaft reicht vielleicht schon ein Gebärstreik, um damit zu einer CO_2-Reduktion beizutragen. Diese ist ja nach Aussage des Weltklimarates IPCC für den Klimaschutz dringend erforderlich. Wer sich dafür einsetzt, würde es sicher begrüßen, wenn viele Frauen sich dieser Idee anschlössen. Außerdem kann man damit einer gewollten Kinderlosigkeit ein politisch korrektes Siegel verleihen.

Auch von staatlicher Seite gab es bereits Steuerungsmaßnahmen, um den Bevölkerungsanstieg zu bremsen. Ab 1979 gab es in China den Zwang zur Ein-Kind-Familie. Eltern mit mehreren Nachkommen erlitten in dieser Zeit schwere wirtschaftliche und soziale Nachteile. Ab 2015 entschärfte man diese Maßnahme zu Gunsten einer Zwei-Kind-Familie, da aus der Begrenzung auf nur ein Kind erhebliche gesellschaftliche Probleme erwuchsen.

Im Unterschied zu den Bakterien sind manche Menschen durchaus bereit, ihre Brüder und Schwestern auch ohne zwingenden Grund aus dem Weg zu räumen. Gier, Hass und Eifersucht sind dabei die häufigsten Anlässe. Morde aus egoistischen Beweggründen sind allerdings eine Besonderheit des Menschen. Die Mikroben betreiben die Eliminierung ihrer Artverwandten ja nicht aus persönlichen Motiven, obwohl sie sich nicht einmal mit einem „schlechten Gewissen" plagen müssten. Vielmehr ist es ein Gesetz der Natur, welches das Töten der eigenen Artgenossen aus selbstsüchtigen Motiven verhindert. Allein uns Menschen ist die Entscheidungsfreiheit gegeben, es zu tun oder zu lassen.

Mikroorganismen sind, wie andere Lebewesen auch, durch natürliche Prozesse gezwungen, sich „rational" im Sinne des Erhalts ihrer eigenen *Spezies* zu verhalten. Die Natur verhindert, dass selbst die einfachste Lebensform sich an den Rand der Selbstvernichtung bringt, wie es der Mensch mit seiner Hochrüstung und dem tausendfachen Overkillpotential seiner atomaren Waffen riskiert.

Bakterien haben keine Entscheidungsfreiheit über ihre Handlungen, doch wir Menschen schon. Ob wir freiwillig zu Mördern werden, liegt in unserer Hand. Genauso, ob wir Bestrebungen unterstützen, die mit Waffenexporten und eigener Aufrüstung die Existenz der Welt ständig neu aufs Spiel setzen.

18. Abzocke auf Bakterienart

„Mundus vult decipi, ergo decipiatur." „Die Welt will betrogen sein, also betrügen wir sie." So lautet ein lateinisches Sprichwort, das auf den römischen Schriftsteller Petronius Arbiter (14–66) zurückgeführt wird. Daran hat sich bis heute nichts geändert, denn allenthalben hört man, dass Betrüger immer raffinierter zu Werke gehen. Sei es mit dem Enkeltrick, als Geldfälscher oder mit dem Abgreifen von Computerdaten. Betrug hat Hochkonjunktur, und das reicht bis in die Spitzen der Politik. Man lockt uns mit Versprechen, die schon gebrochen waren, bevor sie in Worte gefasst wurden.

Betrug setzt kriminelle Energie voraus und da braucht es zumindest einen schlauen Kopf, der sich das eine oder andere ausdenkt, um seine Mitmenschen auf den Holzweg zu führen. Betrügereien sind eine Sache für Individualisten mit Hang zur Planung und Improvisation – beides ist eigentlich für kollektiv lebende Mikroorganismen kaum vorstellbar. Doch der tiefere Einblick in die Welt der Bakterien belehrt uns eines Besseren.

„Gold gab ich für Eisen", hieß es in den Befreiungskriegen (1813–1815) zur Zeit der napoleonischen Herrschaft. Zum Streiten brauchte man Kanonen und eisernes Kriegsgerät, das sich mit Gold teuer bezahlen ließ. Doch nicht nur für uns Menschen ist Eisen ein begehrter Stoff, sondern auch für Bakterien, die dafür ihr „Gold" in Form von Eiweiß und Energie investieren. Das gefragte Metall wird für die Funktion lebenswichtiger *Enzyme* gebraucht. Für die Bakterien gilt: Wer Eisen hat, der hat die Macht. Er wächst und vermehrt sich, Bakterien mit Eisenmangel haben dagegen das Nachsehen.

Eisen (Fe) gehört zu den zehn häufigsten Elementen auf der Erde. Man könnte meinen, es sei genug davon da, besonders für so winzige Organismen. Zu deren Leidwesen liegt es jedoch überwiegend in gebundenen, unlöslichen Komplexen vor, die den

Bakterien unzugänglich sind. Daher sind die Mikroben bei ihrem Eisenhunger auf bestimmte, schwer erreichbare Molekülverbindungen des begehrten Metalls angewiesen.

Um die für sie verwertbaren zweiwertigen- (Fe(II)) und dreiwertigen- (Fe(III)) Formen des Eisens aufzunehmen, investieren Bakterien eine Menge Energie. Zuerst benötigen sie jedoch in ihrer *DNA*-Schublade die genetischen Baupläne für die Eisenaufnahme. Pläne, die nicht jedes Bakterium besitzt.

Für die aufwendige Aufnahme von Fe(III) konstruieren die Bakterien aus einzelnen Eiweißbestandteilen komplexe chemische Verbindungen, die sie in ihre Umgebung ausschleusen, um dort vorhandenes, freies Eisen einzufangen. Solche molekularen Fischereischiffe heißen *Siderophoren* (griech. Eisenträger).

Ähnlich wie der Bau von Flugzeugträgern technisch aufwendig ist, so braucht ein Bakterium für einen schwimmenden Eisenträger genetische Konstruktionspläne. Der Aufbau des *Siderophors Aerobactin* erfordert vom Darmbakterium *Escherichia coli* bereits vier Gene.

Ein weiteres Gen wird für den *Aerobactin-Rezeptor* benötigt. Der Rezeptor ist eine Andockstelle in der Zellwand der Bakterien, wo die mit Eisen beladenen *Aerobactin*-Schiffe wie in einem Hafen anlegen. Dort wird die Ladung Eisen gelöscht und dem Bakterium zugeführt. Im Unterschied zu unseren Fangschiffen wird das *Aerobactin*-Schiff jedoch nur einmal mit Eisen beladen und nach seiner Ankunft im „Hafen" vollständig recycelt.

Die Konstruktion dieser Einwegschiffe kostet wertvolle Rohstoffe und eine Menge Energie. Beides benötigt ein kleines Bakterium auch an anderer Stelle. Da ein Bakterium niemals alleine umherschweift, kommt es unter den Mikroben zu einem harten Wettbewerb um das frei verfügbare Eisen und damit auch um die mit Fe(III) beladenen *Aerobactin*-Schiffe. Denn diese segeln nicht unter einer bestimmten Flagge, sondern können von jedem

Bakterium aufgenommen werden, das den dazugehörigen Hafen, sprich den *Aerobactin-Rezeptor*, besitzt.

„Das geht doch mit viel weniger Aufwand", ist daher die Devise von Freibeuter-Bakterien, die daher nur den *Aerobactin-Rezeptor* in ihrer Zellwand ausbilden, sich aber die aufwendige Synthese des *Aerobactin*-Schiffes sparen.

Mit dem *Rezeptor* können sie die wertvollen, mit Eisen beladenen *Siderophoren* der anderen Bakterien wegfangen, ohne auch nur einen dieser teuren Eisenträger produziert zu haben. Ähnlich, wie es die englischen Piraten mit den spanischen Galeonen machten, die schwer mit Gold beladen ihren Weg in der Karibik kreuzten.

Die Ware wurde bezahlt, aber an die falsche Adresse geliefert, könnte man aus Sicht der *Aerobactin*-Konstrukteure sagen, die sich um ihre Früchte betrogen sehen. Ein Konzept, das übrigens auch im Online-Handel von Computerbetrügern gerne angewendet wird. Womit wir zum Schluss dieses Kapitels wieder bei typisch menschlichen Betrügereien angekommen wären.

19. Unser Körper: Eine belagerte Schatzkammer!

Im Mittelalter konnten Trutzburgen dem Angriff feindlicher Ritterheere oft monatelang widerstehen, vorausgesetzt, die Belagerten besaßen genug Vorräte, um nicht zu verdursten oder zu verhungern. Wenn man Geduld und Glück hatte, zogen die Belagerer irgendwann unverrichteter Dinge wieder ab. Das änderte sich, als die Angreifer begannen, mit eisernen Kanonenkugeln Breschen in die Burgwälle zu schießen, durch die man geradewegs in die Festungsanlage eindringen konnte. Die Burgen verloren damit nach und nach ihre Schutzwirkung und spätere Schlachten wurden zunehmend auf offenem Felde geschlagen.

Wenn wir von Krankheitserregern angegriffen werden, gleicht unser Körper solch einer belagerten Burg. Potentielle Breschen für das Eindringen der Mikroorganismen sind die Haut, die Nase, der Mund, die Ohren, die Augen, die Atemwege, die Harnwege und der Magen-Darm-Trakt. Doch die angriffslustigen Bakterien brauchen verwertbares Eisen, um im menschlichen Körper zu überleben und um die Verluste auszugleichen, die ihnen unser Immunsystem zufügt.

Anders als die Heerscharen vor den Ritterburgen, die ihr gesamtes Kriegsgerät mit sich schleppten, können die Bakterien keine Eisenvorräte mitbringen. Einmal in den menschlichen Körper gelangt, sind sie darauf angewiesen, sich das wertvolle Mineral von ihrem Wirt zu stehlen.

Die Menge an verfügbarem Eisen ist ein entscheidender Faktor für den Erfolg des Angriffs der Mikroben auf unseren Körper. Eisenpräparate, die zu Therapiezwecken wie bei Anämie eingenommen werden, können sich bei einer bakteriellen Infektion als Bumerang erweisen. Die Bakterien nutzen das Eisen aus diesen Präparaten ebenso gerne und vermehren sich damit zu Größenordnungen, bei denen eine ansonsten unbedeutende Infektion zu einer Gefahr wird.

Auch unser Körper „weiß", dass es die Bakterien auf sein Eisen abgesehen haben. Ähnlich wie man in den Ritterburgen die Schätze in unterirdischen Kammern versteckte, so bunkert er sein Eisen in für Bakterien schwer zugänglichen Eiweißkomplexen namens *Ferritin*, *Lactoferrin* und *Transferrin*. So ein „Eisentresor" wie *Ferritin* kann bis zu viertausend Eisenatome speichern.

Wenn die Burgwächter unseres Immunsystems das Eindringen von Krankheitserregern melden, verstärkt der Organismus seine Anstrengungen, sein Eisen für die Eindringlinge unzugänglich einzulagern. Dafür verfügt er, ähnlich wie die Bakterien [18], über ein eigenes Eisenaufnahmesystem (Gentisinsäure), das von den *Mitochondrien* produziert wird.

Damit beginnt ein regelrechter Krieg um das verfügbare Eisen in unserem Körper. Was bleibt den Bakterien bei einer solchen Gegenwehr noch an Möglichkeiten, um ihre Belagerung erfolgreich zu gestalten? Einige von ihnen, wie *Neisseria meningitidis*, fungieren als Bankräuber, und reißen die mit Eisen beladenen Tresore *Transferrin* und *Lactoferrin* einfach an sich.

Die meisten Bakterienarten produzieren zudem *Siderophoren* [18], um den begehrten Rohstoff aufzunehmen. Doch unser Körper kennt die Schliche seiner Widersacher gut. Er produziert einen Eiweißstoff namens *Lipocalin*, der wie ein Kaperschiff die mit Eisen beladenen *Siderophoren* den Bakterien wegschnappt und das gestohlene Mineral wieder zurück in seine Zellen befördert.

Doch auch unter Bakterien gibt es grobe Kerle, die wie Rambo versuchen, mit Gewalt an unsere gebunkerten Schätze heranzukommen. Einer von diesen Panzerknackern ist *Corynebacterium diphtheriae*. Eigentlich ein fauler Bursche, der ohne uns zu stören, auf der Haut und im Nasen-Rachen-Raum siedelt. Gefährlich wird es, wenn dieser gewaltbereite Kerl mit einer

Fernwaffe, dem *Diphtherietoxin*, ausgerüstet ist. Die Gene zur Konstruktion dieses Giftes erhält die Mikrobe durch einen *Bakteriophagen*. Das ist ein Virus, das sich in das *Genom* von *Corynebacterium* einbaut.

Für die bewegungsfaule Mikrobe bringt der *Phage* mit seinem Toxin ein Geschenk mit. Denn damit kommt sie bequem an das von ihr begehrte Eisen, ohne sich dafür vom Fleck rühren zu müssen. Wenn das *Corynebakterium* Hunger auf Eisen verspürt, wird das Gen für das *Diphtherietoxin* angeschaltet. Das Gift wird vom Bakterium ausgeschleust und verteilt sich im gesamten Körper. Dabei greift es besonders Herz- und Nervenzellen an. Das aus den zerstörten Körperzellen freigewordene Eisen gelangt in den Blutkreislauf und kommt über diesen Weg dem *Corynebakterium* direkt entgegen.

Weil das Toxin nicht nur die Atemwege, sondern auch die Herzzellen schädigt, ist die *Diphtherie* bei Kindern auftretende, potentiell tödlich verlaufende Infektionskrankheit. Ende des 19. Jahrhunderts war die *Diphtherie* in Europa weit verbreitet. Der Mediziner Emil von Behring (1854–1917) entwickelte ein Heilserum (Antitoxin) aus dem Blut von mit *Corynebakterium* infizierten Schafen und Pferden, das ab 1894 für die erfolgreiche Behandlung von an *Diphtherie* erkrankten Kindern verwendet wurde. Als Anerkennung verlieh man ihm 1901 den ersten Nobelpreis für Medizin.

Ein Impfstoff aus inaktiviertem *Diphtherietoxin* zur Verwendung am Menschen wurde von dem französischen Immunologen Gaston Ramon (1886-1963) im Jahre 1923 entwickelt. Mit den heutigen Therapiemethoden (Antitoxin, Impfung und antibiotische Behandlung) ging die Zahl der Erkrankungen in den Industrieländern auf wenige Fälle pro Jahr zurück.

Viele aus der Natur gewonnene Giftstoffe haben zwei Gesichter: ein schädigendes und ein heilendes. Beim *Diphtherietoxin* ist das auch der Fall. Das Zellgift ist in jüngster Zeit als modifiziertes Medikament gegen bestimmte Blutkrebsarten ins Gespräch gekommen.

*

„Blut ist ein ganz besonderer Saft", sagt Mephistopheles in Goethes Faust. Bakterien finden das auch, denn im menschlichen Blut schlummert ein für sie ungeheuer großer Eisenschatz mit einem Gesamtgewicht von circa 2,5 g. Dies entspricht etwa der Hälfte des gesamten Eisens in unserem Körper. In jedem der vier bis sechs Millionen roten Blutkörperchen (Erythrozyten) liegen vier Eisenatome als Fe(II)-Komplex in bis zu zweihundertachtzig Millionen Hämoglobinmolekülen gebunden vor. Warum nicht dort schürfen, sagen sich viele Bakterien, um an den wertvollen Rohstoff heranzukommen?

Um diese Eisenerzmine zu knacken, hat die Mikrobenwelt unterschiedliche Werkzeuge, sogenannte Hämolysine, entwickelt. Manche von diesen funktionieren wie Brechstangen, mit denen die Bakterien die schützende Zellwand der roten Blutkörperchen aufhebeln. Andere wirken wie molekulare Speere, die Löcher in eben diese Zellwände bohren. In beiden Fällen platzt der Erythrozyt auf, und der begehrte Zellinhalt mit dem an das Häm gebundenen Eisen tritt heraus. Es wird dann über spezielle Häm-*Rezeptor*en von den Bakterien aufgenommen.

Gegen die Vielzahl der natürlich existierenden Hämolysine gibt es keine Impfstoffe. Jedoch entwickelt unser Immunsystem schon in der Kindheit entsprechende *Antikörper*, wenn wir mit hämolysierenden Bakterien in Kontakt kommen.

Außerdem verfügt unser Körper von Geburt an über sogenannte *Defensine*. Das sind kleine Eiweißstrukturen (Peptide), die in der Lage sind, viele bakterielle Gifte, darunter auch Hämolysine, zu neutralisieren. Mit der Fülle der unterschiedlichen, natürlich vorkommenden Hämolysine kommt trotzdem nicht jeder Organismus gleich gut zurecht, zumal diese Gifte auch Zellen des Immunsystems angreifen.

Der Eisenhunger ist allgegenwärtig. So haben nicht nur Bakterien, sondern auch *pathogene* Pilze und parasitische *Protozoen* Mechanismen entwickelt, um an das Eisen in unserem Körper heranzukommen.

Eisen, wie auch andere Rohstoffe, entscheidet somit nicht nur im Welthandel, sondern auch in der Auseinandersetzung mit den kleinsten Lebewesen über unser aller Schicksal!

20. Die Dosis macht das Gift

„Alle Dinge sind Gift, und nichts ist ohne Gift; allein die Dosis machts, dass ein Ding kein Gift sei." So sagte es bereits vor fünfhundert Jahren der berühmte Arzt Paracelsus (1493–1541). Seine Aussage bezog sich auf Arzneimittel und Gifte und sie hat bis in die heutige Zeit hinein ihre Gültigkeit bewahrt.

Schon in der Antike war bekannt, dass ein Mensch seine Toleranz gegen tödliche Gifte steigern kann. Der älteste überlieferte Fall ist der des Königs von Pontos, Mithridates VI. (120–63 v. Chr.). Nachdem sein Vater mit Arsen ermordet wurde, wollte er sich gegen einen solchen Giftanschlag schützen. Bei der sogenannten Mithridatisation nehmen Arsenesser über einen längeren Zeitraum erst winzige, dann zunehmend größere Mengen dieses hochgiftigen chemischen Elements zu sich.

Neben der geplanten Schutzwirkung stellt sich dabei angeblich auch ein gewisser Rauschzustand ein. Nach der Legende soll Mithridatis schließlich so immun gegen Arsen geworden sein, dass sein Selbstmordversuch mit dem Gift scheiterte, als ihm die römische Gefangenschaft drohte. So blieb ihm nur noch das Schwert, um ehrenhaft aus dem Leben zu scheiden.

Zur Zeit des Paracelsus kannte man weder Bakterien noch andere Mikroorganismen. Diese erblickte erst 150 Jahre später der niederländische Naturforscher Antoni van Leeuwenhoek (1632–1723) mit seinem selbstgebauten Mikroskop.

Van Leeuwenhoek trug seine Beobachtungen dem zu dieser Zeit höchsten wissenschaftlichen Gremium vor, der Royal Society in London. Er kam zu dem richtigen Schluss, dass sich im Mund eines Menschen mehr kleine Tierchen (Animaculi) befänden, als Menschen im gesamten Königreich England, mit der damaligen Bevölkerung von etwa zwölf Millionen Einwohnern.

Leeuwenhoek vermochte mit seinem Lichtmikroskop Mikroorganismen ab Bakteriengröße zu sehen, die hundert- bis tausendfach kleineren Viren jedoch nicht. Um diese mit dem Auge zu betrachten, mussten weitere dreihundert Jahre vergehen, bis Ernst Ruska (1906–1988) das Elektronenmikroskop erfand. Auch das Lichtmikroskop wurde von Ernst Abbé (1840–1905) wieder neu entwickelt, denn Antoni van Leeuwenhoek hatte das Geheimnis seiner Erfindung nie preisgegeben.

Die Erkenntnis, dass die „Animaculi" eine wesentliche Rolle bei Erkrankungen des Menschen spielen, setzte sich erst in der zweiten Hälfte des 19. Jahrhunderts gegen große Widerstände in der Ärzteschaft durch. Mit zunehmendem Wissen über die Natur und die Infektionswege der Mikroben kam man auf den Lehrsatz von Paracelsus zur Dosis-Wirkungs-Beziehung zurück.

Ähnlich wie bei Auseinandersetzungen unter uns Menschen entscheidet beim Kampf zwischen Mensch und Mikrobe nicht nur die bloße Anwesenheit, sondern die Anzahl der Angreifer darüber, wie der Konflikt ausgeht. Die aus der Sicht der Mikroorganismen erforderliche Menge für eine gelungene Infektion ist je nach dem, was uns da befällt, recht unterschiedlich.

Man spricht daher von der minimalen Infektionsdosis (MID), die für das Auslösen einer Erkrankung nötig ist. Sie errechnet sich aus den selten vorkommenden Ereignissen, bei denen man die genaue Menge der Krankheitskeime feststellen konnte, die für eine Infektion erforderlich sind. Im Fall von durch Lebensmittel übertragbaren Infektionen geschieht das, wenn man die Keime in der Infektionsquelle (Lebensmittel, Wasser) und die jeweilige Verzehrmenge berechnen konnte. Für viele Erreger ist die MID nicht genau bekannt.

Zum einen hängt die MID davon ab, ob die Krankheitserreger die Zellen unseres Immunsystems angreifen können. In diesem Fall ist sie gewöhnlich niedriger als bei Erregern, die dazu nicht in der Lage sind.

Zum anderen spielen Unterschiede wie das Alter, der Allgemeinzustand und die individuelle Immunität der Patienten eine entscheidende Rolle bei der Auslösung von Infektionen.

Nach Schätzungen liegt die MID für Bakterien, die Darmerkrankungen verursachen, zwischen 10 - 100 (*Shigellen, EHEC*), 1000 - 100.000 (*Salmonellen)* und 10.000 bis zu einer Million (*Choleraerreger)* Keimen, die man oral aufnehmen muss.

Vergleichbare Dosis-Wirkungs-Beziehungen findet man auch bei Viren. Auch hierbei kommt es auf den Infektionsweg an.

Noroviren zählen zu den häufigsten Erregern von Brechdurchfall in Krankenhäusern, Heimen und anderen Gemeinschaftseinrichtungen. Zum einen liegt das daran, dass die Aufnahme von 10 bis 100 Viruspartikeln bereits für eine Erkrankung ausreicht. Dazu kommt noch die leichte Übertragbarkeit der *Noroviren*, die sich durch Ausscheidungen von Patienten direkt oder indirekt auf Gesunde übertragen.

Für den *Covid-19* Erreger *SARS-CoV-2* liegt die minimal erforderliche Dosis, um die Infektion von Mensch zu Mensch zu übertragen zehn bis hundertfach höher, bei circa tausend Viruspartikeln.

Salmonellen sind als bakterielle Diarrhoeerreger ebenfalls weit verbreitet. Trotzdem muss man 1000-fach mehr *Salmonellen* als *Noroviren* aufnehmen, um Durchfall zu bekommen. Die statistisch erfassten *Salmonellosen* liegen daher ungeachtet der ähnlichen Infektionswege nur bei einem Sechstel der durch *Noroviren* verursachten Darmerkrankungen.

Glücklicherweise sind nicht alle Krankheitserreger überall auf der Welt in gleichem Maße verbreitet. Die Chance in Mitteleuropa die *Shigellenruhr* oder die *Cholera* zu bekommen ist sehr gering. Die meisten dieser Erkrankungen werden aus Ländern, in denen diese Erreger endemisch vorkommen importiert. Daher spielt die MID hier nur eine zweitrangige Rolle.

Zum Zustandekommen einer Infektion gehören immer zwei: der Erreger als „Angreifer" und der Patient als „Angegriffener". Dabei entscheidet nicht nur die Menge der Angreifer, sondern auch die Fitness des Angegriffenen darüber, wie die Sache ausgeht. Ein schlecht ernährter, geschwächter Mensch wird eher erkranken als jemand mit einem guten Allgemeinzustand.

Mit dem Satz „Man kann einen Menschen mit einer Wohnung erschlagen wie mit einer Axt" hatte der Berliner Maler und Fotograf Heinrich Zille (1858–1929) bereits vor über einhundert Jahren auf den Zusammenhang zwischen dem Leben in den Armenvierteln der Stadt und der Lebenserwartung ihrer Bewohner hingewiesen.

21. Bakterienwölfe im Menschengewand

In der Tierwelt sind Maskierungen, die sogenannte *Mimikry*, ein gängiges Mittel, um die Umgebung über seine wahre Identität zu täuschen. Da gibt es Fliegen, die im gestreiften Wespenkostüm durch die Gegend schwirren, um derart von ihren Fressfeinden verkannt und gemieden zu werden. Andere Insekten tarnen sich als Blätter, um dem Beuteschema ein Schnippchen zu schlagen.

Verkleidungen können über Leben und Tod entscheiden, und auch Menschen benutzen seit jeher dieses Mittel der Täuschung. Da läuft einer ärmlich und abgerissen durch ein Problemviertel einer Stadt, in der Hoffnung, so nicht Opfer eines Überfalls zu werden. Ein anderer möchte stärker erscheinen, als er ist, und trägt eine Schreckschusspistole mit sich, die einer echten Waffe täuschend ähnlich sieht. Diese Art von „*Mimikry*" geschieht zum Schutz der eigenen Person.

Anders sieht es dagegen mit Tarnungen aus, die Harmlosigkeit vortäuschen sollen, gerade weil man böse Absichten hat. So wie im Märchen von Rotkäppchen, in dem sich der Wolf als dessen Großmutter verkleidet, um das naive Mädchen besser fressen zu können.

Solche „Wölfe im Menschengewand" gibt es auch bei Bakterien. Sie können ihre Opfer zwar nicht wie ein Raubtier verschlingen, jedoch von innen her aufzehren, was mindestens ebenso grausam ist. Ein berüchtigter Vertreter dieser „Wölfe" findet sich unter den Darmbakterien der *Spezies Escherichia coli.*

Diese Bakterien siedeln und ernähren sich in unserem Darmtrakt, um dort als Gegenleistung für die Produktion von Vitamin K und ein paar Nährstoffen ein bescheidenes und friedliches Dasein zu fristen [2]. Solch eine Gemeinschaft zwischen verschiedenen Organismen zum gegenseitigen Nutzen nennt man *Symbiose.*

Leider geben sich manche *E. coli* mit dem Leben in friedlicher Koexistenz nicht zufrieden. Als Glücksritter mit Eroberungsdrang versuchen sie, aus dem Dickicht des mit Mikroben überfüllten Darmtraktes in verheißungsvollere Zonen im Menschen vorzudringen. Zu Gefilden, die frei von konkurrierenden Bakterien sind, und wo es Nährstoffe in Hülle und Fülle gibt. Ein Schlaraffenland jenseits der Blut-Hirn-Schranke, wo man vor den ewigen Nachstellungen des menschlichen Immunsystems sicher ist. Kurzum, ein Eldorado für Bakterien.

Doch der Weg ins Goldland ist mit einer Menge Leichen gepflastert. Das erfuhren schon die spanischen Konquistadoren auf ihrem Weg durch die grüne Hölle des Dschungels. Auf ihrer Reise über den Amazonas wurden sie von den Indianern mit Giftpfeilen dezimiert oder fielen gefräßigen Tieren zum Opfer. Für die Bakterien führt der Weg zum Eldorado durch eine rote Hölle, den menschlichen Blutstrom. In dem Moment, wenn die Glücksritter durch die Darmschranke in den Blutstrom eindringen, wartet dort ein unerbittlicher Widersacher auf sie. Es ist unser Immunsystem, das die Eindringlinge zuerst mit Antikörperpfeilen spickt, um sie so besser fressen zu können.

Nur mit einer gelungenen Tarnung haben die Colibakterien eine minimale Chance, der Übermacht der Körperpolizei zu entkommen. Als „Wölfe im Schafspelz" umkleiden sich solche Bakterien mit einer dichten Hülle aus *N-Acetylneuraminsäure* (*NANA*). Das ist eine chemische Verbindung, die in ihrer Zusammensetzung der Ausrüstung menschlicher Zellwände, wie der des Nervengewebes, ähnelt.

Versteckt unter diesem Tarnumhang, der wie eine dicke Kapsel die Bakterien umhüllt, werden solche *E. coli* von den *Antikörpern* und Fresszellen des Immunsystems nicht als fremde Eindringlinge erkannt. Im Gegenteil vermeint die Körperpolizei, mit den in der *NANA*-Hülle verpackten Bakterien Bestandteile des menschlichen Zellgewebes vor sich zu haben. Körpereigene Strukturen sind jedoch für Angriffe der Immunpolizei tabu, um einer Selbstvernichtung des Organismus vorzubeugen.

Durch diesen Trick können sich einzelne mit *NANA* getarnte und aus dem Darm eingedrungene *E. coli* im Blutstrom zu einer Menge vermehren, die zu einer bakteriellen Blutvergiftung (*Sepsis*) führt. Wenn es den Bakterien dazu noch gelingt, über den Blutstrom ins Gehirn zu gelangen, sieht es für den Patienten düster aus. Die Wächter des Immunsystems haben zu dieser abgeschlossenen Region keinen Zutritt. Die Bakterien sind ihnen entwischt wie Räuber der Polizei in einem sicheren Unterschlupf. Dort, im Hirn und im Rückenmark, haben die bakteriellen Konquistadoren alle Vorteile auf ihrer Seite. Dazu gibt es dort Nährstoffe in Hülle und Fülle und keine anderen Bakterien, die ihnen diese Beute streitig machen.

Der neben einer *Sepsis* auch noch an einer Gehirnhautentzündung leidende Patient hat geringe Überlebenschancen. Neugeborene und immungeschwächte Menschen sind überwiegend Opfer für Angriffe der mit einer *NANA*-Hülle umkleideten *E. coli,* weil ihr Immunsystem noch nicht ausgereift beziehungsweise vorgeschädigt ist.

Auch bei Viren ist *NANA*, die an der Außenmembran menschlicher Zellen als Bestandteil und Botenstoff zu finden ist, ein begehrtes Ziel. So verwenden *Influenzaviren* als Erreger der Grippe, die auf ihren Seuchenzügen um die Welt bereits Millionen Tote hinter sich ließen, *NANA*-Strukturen auf Humanzellen als Andockstelle, um derart in diese einzudringen. Ein Virusprotein, Hämagglutinin genannt, dient ihnen beim Anlegen als „Anker“.

Wie Piraten auf eine friedliche Insel dringen die Grippeviren in die Zellen der Atemwege ein und kapern diese für ihre Zwecke. Nachdem sie sich dort zu Tausenden vermehrt haben, brechen sie die schützenden *NANA*-Strukturen der befallenen Zelle auf, um sich auf deren Nachbarn weiterzuverbreiten.

Wie man sieht, hat das „Rotkäppchen-und-der-Wolf-Prinzip" auch im Mikrokosmos eine Menge Anhänger. Man begegnet der Immunpolizei des menschlichen Organismus mit einer Maske, die Harmlosigkeit vortäuscht, nur um sich dann besser über ihn herzumachen. Oder man nutzt körpereigene Strukturen als Eintrittspforte, um ihn dann von innen her zu zerstören.

Im menschlichen Alltag sieht es nicht viel anders aus. Vertraute, als harmlos eingestufte Personen entpuppen sich als das Böse schlechthin, wenn die Tarnung ihren Zweck erfüllt hat. Ist die Maske erst gefallen, ist es oft zu spät, einem Feind, der sich in die inneren, verletzlichen Strukturen der Familie oder der Gesellschaft eingeschleust hat, wirksam zu begegnen.

Es ist daher ratsam, neben der physischen Abwehr auch das geistige Immunsystem auf Trab zu halten. Dies geschieht am besten, indem man sein selbstständiges Denken und seine Aufmerksamkeit schult, anstatt sich aus Bequemlichkeit nur mit vorgefassten Meinungen wie mit Fertiggerichten abspeisen zu lassen.

22. Der Hase und der Igel oder die tausend Gesichter des Parasiten

Multiple Persönlichkeiten tragen mehrere Identitäten in sich, von denen abwechselnd eine die geistige Kontrolle über den Menschen übernimmt. Die sogenannte dissoziative Persönlichkeitsstörung beruht auf traumatischen Kindheitserfahrungen. Sie dient als Schutzmechanismus, um sich aus der Erinnerung an schreckliche Erlebnisse durch Flucht in eine andere Persönlichkeit herauszuziehen. Der Romanklassiker „Dr. Jekyll and Mr. Hyde" beschreibt so eine Person, die einen ehrbaren Arzt und einen skrupellosen Mörder in ein und demselben Körper beherbergt.

Doch selbst Menschen ohne diese psychische Störung bedienen sich gerne vieler „Gesichter", um ihre Umgebung über ihr wahres Ich zu täuschen. Das fängt mit falschen Papieren und äußerlichen Verkleidungen an und endet bei der Gesichtschirurgie, um sich eine neue Identität zu geben. Wenn es sich dabei nicht gerade um Zeugenschutz handelt, stecken vielmehr betrügerische oder noch üblere Absichten dahinter.

Auch Krankheitserreger maskieren sich, um unser Immunsystem in die Irre zu führen. Manche dieser Keime tarnen ihr verräterisches „Gesicht" so geschickt, dass unser Immunsystem es nicht als fremd erkennt und daher nichts unternimmt, um den Eindringling zu beseitigen. Dieses Versteckspiel hat vor allem bei chronischen Infektionen sowie bei wiederholt auftretenden Ansteckungen mit dem gleichen Erreger eine Bedeutung. Der angegriffene Mensch ist außer Stande, den Eindringling zu identifizieren und einen „Steckbrief" zur Fahndung durch die Körperpolizei herauszugeben.

Im Normalfall erfolgt die Immunantwort auf einen fremden Organismus umso stärker und spezifischer, je länger dieser in unserem Körper verbleibt. Sie richtet sich gegen die Oberflächenstruktur des Eindringlings als dessen „Gesicht" (*Antigen*), welches er dem Wirtsorganismus zeigt. Um das zu unterlaufen, besteht eine andere Taktik der Krankheitserreger darin, die stoffliche Zusammensetzung ihrer Oberfläche ständig zu verändern. Damit zwingen sie das Immunsystem, ständig neue entsprechende *Antikörper* zu bilden. Diese Art der Tarnung durch fortwährende „Gesichtsveränderung" nennt man *Antigenvariation*.

Mit den wechselnden neuen Gesichtern vermag ein Krankheitserreger unsere Körperpolizei langfristig zu erschöpfen. Durch sein sich ständig wandelndes Erscheinungsbild spiegelt der Erreger seinem Wirt das Auftreten von immer neuen Eindringlingen vor. Die darauf erfolgende Immunantwort reicht nie aus, um alle Exemplare desselben Parasiten zu neutralisieren. Damit wird die Infektion chronisch, was zur Schwächung des Patienten führt.

Ein Spiel wie im Märchen „Der Hase und der Igel". Beide Tiere vereinbaren, gemeinsam um die Wette zu rennen. Was der Hase jedoch nicht weiß: Bei diesem ungleichen Wettkampf halten ihn zwei an den jeweiligen Zielpunkten positionierte Igel so lange zum Narren, bis der Hase am Ende erschöpft tot zu Boden fällt.

Die Täuschung des Wirtes durch *Antigenvariation* ist bei *pathogenen* Viren, Bakterien und bei *Protozoen* (*eukaryotische* Einzeller) weit verbreitet. Zu den *Protozoen* gehören Parasiten, die in den tropischen Regionen der Erde schwere Seuchen wie die Malaria und die Schlafkrankheit verursachen.

Trypanosoma brucei als Erreger der Schlafkrankheit gelangt mit dem Stich der Tsetsefliege in unseren Körper. Dort kann der Parasit über tausend verschiedene *Proteine* auf seiner Oberfläche ausprägen. Nur jeweils eine Form dieser *VSG* genannten „Gesichter" bedeckt die Hülle eines jeweiligen Parasiten. Die *VSG* unterscheiden sich so weit voneinander, dass unser Immunsystem gegen jedes einzelne „VSG-Gesicht" spezifische *Antikörper* produziert. Im Verlauf der Infektion wechselt die Zusammensetzung der *VSG* kontinuierlich. Damit sind viele Parasiten mit unterschiedlichen Oberflächenhüllen im Körper vorhanden. Unser Immunsystem kommt nicht hinterher, alle auftretenden „Gesichter" des Parasiten zu erkennen und diese zu neutralisieren.

Sind die *Trypanosomen* erst einmal in den Organismus gelangt, verursachen sie massive Schäden an den inneren Organen. Die Apathie als ein typisches Symptom der Schlafkrankheit ist ein Zeichen der Nervenschädigungen, die sich im Krankheitsverlauf einstellen.

Als letztes Mittel gegen die Schlafkrankheit bleibt nur noch eine Chemotherapie, die aber mit schweren Nebenwirkungen verbunden ist. Unbehandelt verläuft die Krankheit tödlich.

Auch der Erreger der Malaria, ein parasitisches *Protozoon* namens *Plasmodium falciparum,* bedient sich eines ähnlichen Mechanismus der *Antigenvariation*. Dabei muss es sogar zwei unterschiedlichen Immunsystemen entkommen: dem der Anopheles-Mücke als Zwischenwirt und Malariaüberträger und dem des Menschen als Endwirt. Aus diesem Grund wird selbst in Gebieten, wo die Malaria ganzjährig vorkommt, kaum eine vollständige Immunität der Menschen gegen diese Seuche erreicht.

*

Für Viren, die unser Immunsystem in den meisten Fällen gut als fremde Eindringlinge erkennt, ist die Veränderung ihrer *antigenen* Eigenschaften ein „Muss", um ihre Vermehrung zu sichern. Zumindest so lange, bis sie weitere Menschen angesteckt haben.

Bei der *Influenza* (Grippe) sorgt eine *mutation*sbedingte Veränderung der Oberflächenhülle, der *Antigendrift*, für das Auftreten von immer neuen Virusvarianten. Daher werden vor jeder Grippesaison an die jeweiligen Virustypen angepasste Impfstoffe eingesetzt, um einen Schutz gegen die Erreger zu gewährleisten. Auch bei *HIV* (Aids-Virus) hat die Variabilität der Oberflächenantigene den Zweck, die Immunabwehr der Infizierten gegen das Virus ins Leere laufen zu lassen.

Nicht nur die Viren, auch viele Bakterien kleiden sich gerne in wechselnde Gewänder, um unser Immunsystem immer wieder aufs Neue zu überraschen. Zu diesen zählen die Verursacher von chronischen Krankheiten wie die *Borreliose* und die *Gonorrhoe* (Tripper).

Um sich zu verkleiden, besitzen die *Salmonellen* mit über 2600 unterschiedlichen Hüllen eine reichhaltige Garderobe. Ihre unterschiedlichen Oberflächen, die *Serotypen* genannt werden, lassen beim Auftritt des ewig gleichen Durchfallerregers bei unserem Immunsystem keine Langweile aufkommen.

Aus diesem Grund kann man im Leben wiederholt an *Salmonellosen* erkranken. Hinzu kommt eine Besonderheit des im Darm befindlichen sekretorischen Immunsystems. Es ist „vergesslicher" als das im Blut befindliche, humorale Immunsystem. Daher können wir nach ein paar Monaten sogar erneut mit dem gleichen *Salmonella-Serotyp* infiziert werden.

Bei der Betrachtung unseres Körpers dürfen wir nicht vergessen, dass sich unser Verstand auch gerne täuschen lässt. Unser „geistiges Immunsystem" ist gefordert, wenn wir nicht auf Betrüger hereinfallen wollen, die es auf uns abgesehen haben. Ähnlich wie die Mikroben treten diese in ständig neuen Verkleidungen mit einer Vielzahl von Tricks auf. Die Komplizen eines Hütchenspielers geben vor, zufällige Zuschauer am Rande des Geschehens zu sein, was ihr naives Opfer zunächst nicht bemerkt. Das geschieht erst, wenn bereits etliche Geldscheine in die falschen Taschen gewandert sind.

Selbst technisch hoch entwickelte Staaten lassen sich durch Kriminelle, die mit Mehrfachidentitäten durch Europa reisen,

wesentlich leichter austricksen als unsere körpereigene Immunabwehr durch die Mikroben. Manche dieser Betrüger haben es
dabei „nur" auf private und staatliche Zuwendungen abgesehen.
Andere haben mörderische Absichten, wie beispielsweise der Attentäter vom Berliner Weihnachtsmarkt. Er besaß vierundzwan-
zig falsche Identitäten, reiste damit unbehelligt durch Europa, bis
er in Italien bei einem Schusswechsel mit der Polizei ums Leben
kam.

23. Große und kleine Selbstmordattentäter

Selbstmordattentäter sind bereit, ihr Leben im Dienste einer Glaubensidee zu opfern. Dabei wollen sie andere Menschen, die sie als Feinde ihrer Weltanschauung betrachten, mit in den Tod reißen. Das Ziel der Attentäter ist die Stärkung ihrer eigenen Glaubensgemeinschaft, was durch Einschüchterung und Vernichtung von „Ungläubigen" erreicht werden soll. Hintergründig entpuppt sich ihr Motiv als Egotrip von manipulierten Dummköpfen, von denen manche sogar glauben, ihr heimtückisches Werk würde nach ihrem Ableben mit dem Paradies belohnt.

Solche irrwitzigen Handlungen scheinen nur unter Menschen möglich zu sein, doch auch unter den Bakterien gibt es Selbstmordattentäter. Sie richten ihre mörderischen Aktivitäten gegen fremde Organismen, bis hin zu uns Menschen. Wie ihre menschlichen „Brüder im Geiste" sind auch die bakteriellen Kamikazekrieger fremdgesteuert. Sie gehen für eine fremde Sache in den Tod, deren Hintergründe hier näher beleuchtet werden.

Mag es ein Zufall sein oder nicht: Wie das Auftreten von menschlichen Selbstmordattentätern ein Phänomen der Neuzeit ist, so wuchsen die tödlichen Aktivitäten ihrer mikrobiellen „Gesinnungsgenossen" in den letzten Jahrzehnten stark an. Auffällig wurden die winzigen Kamikazekrieger erstmals im Jahre 1982. Ab dieser Zeit nahmen Ausbrüche an blutigem Durchfall und Nierenversagen bei Besuchern von Fast-Food-Ketten, die Rindfleischprodukte verzehrt hatten, zu.

Durch epidemiologische Untersuchungen war ein Tatverdächtiger bald ermittelt: Es war ein selten vorkommender Abkömmling (*O157*) des Darmbakteriums *Escherichia coli*, den man in den Ausscheidungen der Patienten und in den Fleischbouletten fand.

Bei genaueren Untersuchungen stellte man fest, dass es sich bei *E. coli O157* nicht um einen harmlosen Darmbewohner, sondern um einen der gefährlichsten mikrobiellen Giftproduzenten handelte. Die von ihm produzierten Gifte erwiesen sich als zellschädigend und zerstörten vor allem die Blutgefäße der Patienten. Ohne Zweifel waren diese als *Shigatoxine* bezeichneten Gifte für die blutigen Durchfälle und eine spezielle Form des Nierenversagens (*HUS*) verantwortlich. Wegen der blutigen (*hämorrhagischen*) Krankheitsverläufe bezeichnete man solche Bakterien fortan als *EHEC*, ein Kürzel für *Enterohämorrhagische E. coli*.

Den Kamikazeeigenschaften der *EHEC* kam man durch Untersuchungen zur Produktion der *Shigatoxine* auf die Spur. Dabei zeigte es sich, dass nur einer unter tausend *EHEC* das Gift produziert, was für ihr blutiges Handwerk gegen die Menschen jedoch vollkommen ausreicht. Nur etwa ein Promille unter den *EHEC*-Bakterien sind somit die eigentlichen Killer. Indem sie bei ihrem Ableben regelrecht zerplatzen, setzen sie aus ihrem Zellinneren die größtmögliche Menge an *Shigatoxinen* frei.

Ähnlich wie die menschlichen „Sprengbomben" explodieren die *EHEC*-Bakterien nicht aus eigener Veranlassung, sondern weil sie dazu manipuliert werden. Bei den menschlichen Attentätern übernehmen diese Aufgabe ihre Führungsfiguren, denen sie sich bedingungslos unterordnen.

Bei den *EHEC*-Bakterien übernimmt ein Virus (*Bakteriophage*) die Führungsrolle, nachdem er sich mit seiner Botschaft in die *DNA* in des *E. coli*-Bakteriums eingebaut hat. Ab diesem Moment trägt das Bakterium eine Zeitbombe in sich, die es nicht kontrollieren und die in jedem Moment explodieren kann. Das Letztere geschieht, wenn der *Bakteriophage* beginnt, sich im Inneren seines Trägerbakteriums zu vermehren.

Für uns Menschen wäre das nicht weiter dramatisch, läge nicht auch das Gen zur Produktion des *Shigatoxins* auf diesem *Phagen*. Bei der Vermehrung des *Phagen* im Bakterium wird auch das *Shigatoxin* produziert, wobei enorme Mengen dieses

Giftes entstehen. Wenn das Bakterium, bis an den Rand gefüllt mit *Phagen* und *Shigatoxinen*, schließlich zerplatzt, setzt es das gesamte Gift auf einmal frei. Vom Darm gelangt es in den Blutstrom und beginnt dort sein Zerstörungswerk an den Adern und in den Organen der *EHEC*-infizierten Menschen.

Man fragt sich berechtigterweise, was das für einen Nutzen es für die *EHEC*-Bakterien hat ihren Wirt so zu schädigen. Eigentlich keinen, denn die blutige Erkrankung des Menschen bringt dem Bakterium keinen erkennbaren Vorteil. Den Nutzen hat vielmehr das *Shigatoxin*-Virus. Die aus den zerplatzen Bakterium freigesetzten *Bakteriophagen* befallen die „jungfräulichen" Colibakterien der menschlichen Darmflora, womit diese ebenfalls zu *EHEC* umgewandelt werden.

Genau genommen ist das *EHEC*-Bakterium nur der „nützliche Idiot", der sich der Strategie des *Bakteriophagen* nach seiner weiteren Verbreitung innerhalb der *Spezies E. coli* unterwerfen muss.

Folgerichtig fand man außer *EHEC O157* noch weitere *E. coli-Serotypen*, die das *Shigatoxin*-Virus in sich tragen und das Gift ebenfalls produzieren. Solche *EHEC* sind Bestandteil der normalen Darmflora von Rindern, Schafen und anderen Wiederkäuern. Im Unterschied zum Menschen werden die Tiere jedoch nicht krank. Viele dieser Nutztiere tragen *EHEC* in ihren Eingeweiden, ohne dass dies sich in irgendeiner Form bemerkbar macht.

Damit wurde auch der Zusammenhang von *EHEC*-Infektionen und dem Konsum von tierischen Lebensmitteln aufgeklärt. Es handelt sich, wie bei vielen neu auftretenden Erkrankungen, um eine klassische *Zoonose* [8]. Beim Schlachten und Melken können winzige Spuren von *EHEC* auf das Fleisch und die Milch übertragen werden. Werden solche Lebensmittel nicht ausreichend gegart, überleben die darin befindlichen *EHEC* und gelangen auf diesem Weg in unser Magen-Darm-System.

Zu unserem Glück können nur wenige der aus Tieren stammenden *EHEC* den menschlichen Darm besiedeln, was jedoch die Voraussetzung für das Entstehen der blutigen Durchfallerkrankung und *HUS* ist. Allerdings ist man vor Überraschungen nie sicher.

„Alles fließt und nichts bleibt; es gibt nur ein ewiges Werden und Wandeln", sagte bereits der griechische Philosoph Heraklit (520–460 v. Chr.). So ist auch bei den *Shigatoxin-Phagen.* Durch deren unermüdliche Aktivität werden beständig neue *EHEC*-Konvertiten erzeugt, von denen es manche bis zum Rang des Kamikazekriegers gegen die Menschen schaffen.

Einer dieser Neubekehrten mit der Bezeichnung *EHEC* O104 schlug in Deutschland und seinen Nachbarländern im Sommer des Jahres 2011 zu. Innerhalb von zwei Monaten erkrankten über 4000 Menschen, von denen 800 Nierenschäden (*HUS*) erlitten. Viele benötigten eine Dialyse, manche sogar eine Nierentransplantation.

Der explosionsartige Anstieg von derart schwer erkrankten Patienten brachte das Gesundheitssystem bald an seine Grenze. Zwei Monate nach Beginn der Epidemie, an der dreiundfünfzig Menschen starben, verschwand *EHEC* O104 praktisch wieder von der Bildfläche.

Woher kam diese Seuche? Der Ausgangspunkt war ein Hersteller von Keimsprossen in Norddeutschland. Diese waren mit *EHEC* O104 verseucht und wurden in kleinen Mengen über den Handel an Restaurants verkauft. Die verseuchten Keimsprossen gab es als Beilage zu Salat in Gasstätten, Kantinen und Privathaushalten an vielen Orten in Deutschland.

So kam es zu einer deutschlandweiten Verbreitung an *EHEC*-O104-Infektionen, wobei die infizierten Menschen die Keime ausschieden und noch Personen aus ihrem Umfeld infizierten.

Ähnlich wie die *EHEC*-verseuchten Sprossen, die über das ganze Land gestreut wurden, können auch Kleingruppen mörderischer Fanatiker ein Land ins Chaos stürzen, wenn sie entschlossen genug sind, selbst ihr Leben dabei zu opfern. Solche „asymmetrische Kriegsführung" hat Zukunft, wie mörderische Anschläge auf der ganzen Welt zeigen. Auch bioterroristische und Cyberangriffe auf empfindliche Infrastruktureinrichtungen können mit verhältnismäßig geringem Aufwand ganze Staaten paralysieren.

Im Unterschied zu menschlichen Selbstmordattentätern, von denen jeder nur ein fehlgeleitetes menschliches Exemplar ausmacht, liegen *EHEC* in zahllosen, sich unablässig vermehrenden Klonen vor. Diese bakteriellen „Klonkrieger" sind alle potentiell zu „Anschlägen" mit *Shigatoxin* in der Lage. Was macht es für Milliarden von *EHEC*, wenn ein paar tausend von ihnen als Selbstmordattentäter sterben? Nichts, denn für Bakterien sind ein paar tausend eine zu vernachlässigende Größe.

Leider gibt es Menschen auf der Welt, die solchen Vorstellungen noch etwas abgewinnen. Sie scharen ihre Anhänger um sich und versprechen ihnen das Blaue vom Himmel, wenn sie sich und damit andere durch Attentate ums Leben bringen. Ihre Adepten, die ihre eigene Existenz dieser Sache unterordnen und zu mörderischen Anschlägen bereit sind, leben unauffällig unter uns.

Ihnen wurde ein „Gedankenvirus" in den Kopf gesetzt, der von nun an ihre Zukunft bestimmt. Er entscheidet, wie lange sie sich unauffällig verhalten oder ob sie als wandelnde Bomben in einer Menschenmenge explodieren.

Wie die Colibakterien, die von dem *Shigatoxin*-Virus zu *EHEC* konvertiert wurden, sind solche Menschen nicht mehr „Herr im eigenen Haus". Bei den Bakterien ist es das Virus. Bei den Menschen ist es ein mörderisches Gedankengut, dem sie sich, im Un-

terschied zu den Bakterien, jedoch aus eigenem Entschluss un-
terworfen haben.

24. Dunkle Mächte aus alter Zeit

Clostridium botulinum-Toxin, besser bekannt unter der Bezeichnung Botox, wird bei kosmetischen Behandlungen als Mittel gegen unerwünschte Gesichtsfalten gespritzt. *Botulinumtoxin* lähmt für längere Zeit die Muskeln und somit auch jene, deren ständige Anspannung für die Faltenbildung verantwortlich ist. Allerdings muss man mit der Dosierung von Botox achtsam sein, damit nicht übermäßige bis tödliche Lähmungen entstehen. Denn Botox gehört zu den stärksten bekannten Giften überhaupt.

Ungewollte Vergiftungen durch *Botulinumtoxin* treten zwar selten auf, verlaufen aber oft fatal. Ein Fall aus den 1960er Jahren handelte vom dem unheimlichen Ende eines Segeltörns auf dem Atlantik. Das Bordbuch der Yacht enthielt Aufzeichnungen, wie die Crew mit unerklärlichen Lähmungserscheinungen zu kämpfen hatte, bis einer nach dem anderen verstarb. Als man das Totenschiff aufbrachte, fand man die Leichen der Besatzung an Bord.

Nach den Eintragungen der Seeleute lag der Verdacht auf Lebensmittelvergiftung nahe. In der Kombüse lagerten Büchsen mit Bohnen und Fleisch, die nachweislich mit dem Bakterium *Clostridium botulinum* verseucht waren.

Die Obduktion der Toten klärte die letzten Zweifel. Die gesamte Schiffsbesatzung hatte von diesen Konserven gegessen. Je nachdem, wann und welche Menge ein jeder von dieser Henkersmahlzeit verzehrt hatte, waren alle früher oder später an der lähmenden Wirkung von Botox erstickt. Da man bei dieser Vergiftung bis zum Ende bei vollem Bewusstsein bleibt, konnten die Seeleute ihre Aufzeichnungen im Bordbuch bis zum Tod des letzten Crewmitglieds fortsetzen.

Was sind das für Mikroben, die einen derartigen Schrecken verbreiten? Der Botoxbazillus gehört zu den Clostridien, einer *Gattung* von Bakterien, die sich ausschließlich in einer Atmosphäre ohne Sauerstoff vermehren können. Man bezeichnet solche Organismen als *Anaerobier*. Ihre Existenz deutet darauf hin, dass Leben schon auf der Erde existierte, als die Luft noch nicht mit dem lebensspendenden Element angereichert war.

Unsere heutige Atemluft enthält dank der *Photosynthese* von Pflanzen, Flechten und Grünalgen über zwanzig Prozent Sauerstoff. Wir sollten dafür dankbar sein, denn diese Leistung ermöglicht unser aller Existenz. Sauerstoff hemmt das Wachstum von Clostridien. Damit sind deren Lebensräume auf sauerstoffarme Lebensbereiche begrenzt, wie sie im Erdboden und im Schlamm von Seen und Flüssen vorherrschen. In unserer Atmosphäre überdauern Clostridien nur in Form einer verkapselten Spore, die erst unter Sauerstoffabschluss wieder auskeimen kann.

Sporenbildung kennt man von den Pilzen, Algen, Moosen, Farnen und einigen Bakterienspezies. In einer solide verpackten Spore ohne eigene Stoffwechselaktivität und geschützt gegen Austrocknung überdauert ein Organismus Jahre, wenn nicht Jahrhunderte. Es ist ein uralter Überlebensmechanismus, der es den Sporenbildnern ermöglicht, lebensfeindliche Perioden so lange zu überstehen, bis die Umweltbedingungen für ihre Vermehrung wieder günstiger sind.

Was hat das nun mit der tödlichen Vergiftung der Schiffsbesatzung zu tun? Wenn Sporen von *Clostridium botulinum* in nicht pasteurisierte Fleisch- und Gemüsekonserven gelangen, befinden sie sich in einer sauerstofffreien Umgebung. Unter Luftabschluss keimen die Sporen zu vermehrungsfähigen Clostridien aus. Diese produzieren dabei *Botulinumtoxin*, welches in das eingedoste Lebensmittel übergeht.

Verzehrt man den Inhalt solcher Konserven, ohne ihn mindestens dreißig Minuten bei 80°C zu kochen, ist das *Botulinumtoxin* nicht oder nur unvollständig zerstört. Mit dem Verzehr gelangt es in den Verdauungstrakt. Ein an das Botox angekoppeltes Schutzprotein verhindert, dass die Magensäure das Gift zersetzt, bevor es seine lähmende Wirkung im menschlichen Körper entfaltet. Eben das war im Fall der Schiffsbesatzung geschehen.

Botox ist das stärkste bisher bekannte biologische Nervengift. Mengen ab einem Nanogramm (0,000.000.001 g) reichen aus, um Muskellähmungen hervorzurufen, die sich von der Peripherie des Körpers bis ins Zentrum mit dem endgültigen Stillstand der Atemmuskulatur erstrecken.

Was uns sinnlos und grausam erscheint, hat für das Botox-Bakterium einen konkreten Nutzen. Da der *Anaerobier Clostridium botulinum* sich nur in einer sauerstofffreien Umgebung vermehrt, muss er sich diese Bedingung zuerst erschaffen. Dafür benötigt er sein Gift. Nachdem das *Botulinumtoxin* seine tödliche Wirkung erzielt hat, verbrauchen die in der Leiche befindlichen *aeroben* Darmbakterien den Rest des noch vorhandenen Sauerstoffs. Erst dann schlägt die Stunde der Clostridiensporen. Sie „erwachen" in einer ihren Bedürfnissen angepassten Atmosphäre und noch dazu auf einem für ein Festmahl vorbereiteten Kadaver.

Zu unserem Glück ist der Lebensraum der Clostridien in der Umwelt auf Böden und Schlick begrenzt. Zwar zählen zu dieser *Gattung* viele harmlose Bakterien, doch neben dem Lebensmittelvergifter *Clostridium botulinum* wartet sie mit noch zwei weiteren berühmt-berüchtigten Krankheitserregern auf. Es sind der Gasbranderreger *Clostridium perfringens* und der Tetanuserreger *Clostridium tetani*. Allen drei *Spezies* ist gemeinsam, dass sie die stärksten natürlichen Gifte produzieren, die uns bisher bekannt sind.

Die gleichermaßen unangenehme Verwandtschaft des Botox-Bazillus *Clostridium tetani* und *Clostridium perfringens* gelangt über mit Erde verschmutzten Verletzungen in unseren Körper. Das Tetanustoxin ist dem Botulinumtoxin in seinem Aufbau ähnlich und wirkt ebenfalls als Nervengift. Im Unterschied zu Botox verursacht es jedoch keine Muskellähmungen, sondern Muskel-krämpfe, die unbehandelt oft tödlich verlaufen.

Von den drei Killerspezies hat *Clostridium perfringens* die meisten Menschen auf dem „Gewissen". Spuren dieses Bakteriums reichen zurück bis in die Mumie von Ötzi (5000 v. Chr.). Im Ersten Weltkrieg starb etwa ein Zehntel der neun Millionen Gefallenen an Wundinfektionen mit Clostridien. *Clostridium perfringens* produziert über zwanzig verschiedene *Toxine* und verursacht dadurch den sogenannten Gasbrand. Die Giftstoffe zerstören die Wände der Körperzellen, der Erreger vermehrt sich rasch in dem aufgelösten Gewebe und die *Toxine* verbreiten sich im gesamten Körper. Selbst unter ärztlicher Therapie stirbt etwa die Hälfte der Patienten an dieser Infektion.

Waffentaugliche Gifte sind seit jeher das Objekt der Begierde von Militärs und Geheimdiensten. Aufgrund seiner extrem giftigen Wirkung erlangte auch das *Botulinumtoxin* deren Aufmerksamkeit. Die japanische Besatzungsmacht führte bereits während des Zweiten Weltkriegs tödlich verlaufende Experimente mit Botox an Kriegsgefangenen durch.

Nach dem Krieg lagerten einige Staaten *Botulinumtoxin* für militärische Zwecke. Das Gift fand außerdem bei einem bioterroristischen Anschlag 1990 in Tokio Verwendung. Seit 1971 fällt das Clostridiengift unter die Konvention zur Kontrolle biologischer Waffen, die von den meisten Ländern der Erde unterzeichnet wurde.

In seiner neurotoxischen Wirkung ist Botox stärker als die vom Menschen hergestellten chemischen Nervengifte wie Tabun, Sarin und VX. Es ist ebenfalls wesentlich wirksamer als das jüngst bekannt gewordene Nowitschok, das bei einem Anschlag auf einen russischen Exagenten in England Verwendung fand.

Im Erfinden von Waffen aller Art war die Menschheit seit jeher produktiv. Verständlicherweise beklagen wir uns über die

„bösen" Clostridien, die solche fiesen Giftstoffe für ihren Nahrungserwerb produzieren. Doch dürfen wir dabei nicht vergessen, dass Menschen *Botulinumtoxin* und andere, vorsätzlich entwickelte chemische Nervengifte benutzen, um unsere Brüder und Schwestern aus niedrigen Motiven aus dem Weg zu räumen.

25. Die fünfte Kolonne oder vom mikrobiellen Leben im Untergrund

Im Spanischen Bürgerkrieg von 1936 bis 1939 bezeichnete man Spione, die im Feindesland lebten und dort subversiv tätig waren, als „fünfte Kolonne". Seitdem hat sich dieser Begriff im politischen Sprachgebrauch zur Bezeichnung gegnerischer, verdeckt operierender Agenten eingebürgert. Generell dienen deren Aktivitäten der Schwächung und Zersetzung des Staatssystems, in das sie eingeschleust werden.

Beispiele für solche Saboteure gibt es viele. Während des Kalten Krieges waren sie auf beiden Seiten des „Eisernen Vorhangs" tätig. So wie Karl-Heinz Kurras, ein Verbindungsmann des DDR-Ministeriums für Staatssicherheit (Stasi). Als Angehöriger der Westberliner Polizei erschoss er auf einer Demonstration am 2. Juni 1967 vorsätzlich den Studenten Benno Ohnesorg. Der ungesühnte Mord radikalisierte die „68er" Protestbewegung und war Anlass für die Gründung der terroristischen „Roten Armee Fraktion".

Heutzutage machen Untergrundkämpfer aus dem islamischen Kulturkreis von sich reden. Die Drahtzieher der Attentate auf das World Trade Center lebten „undercover" als Studenten in Hamburg, bevor sie 2001 in die USA einreisten, um am 11. September die Terroranschläge zu begehen. Der Islamische Staat (IS) hat mit dem Zustrom von Kriegsflüchtlingen eine unbekannte Zahl seiner Kämpfer nach Europa eingeschleust, die bereits zahlreiche Anschläge begangen haben.

Doch nicht nur unter uns Menschen, auch unter den Bakterien gibt es erfolgreiche Agenten der „fünften Kolonne". Ihr Operationsgebiet ist unser Körper, den sie von innen her schwächen und bis in den Tod schädigen. Drei berüchtigte Vertreter dieser Zunft stelle ich hier vor. Es handelt sich um *Borrelia burgdorferi*, *Treponema pallidum* und *Salmonella Typhi*. Obwohl die Identität dieses „Trio infernale" seit Langem bekannt ist, gelingt es bis heute nicht, ihre Aktivitäten zu unterbinden.

Wenn Geheimagenten einer fremden Macht nicht offiziell mit einem Diplomatenstatus einreisen, dann helfen ihnen gefälschte Pässe und fingierte Lebensläufe, um in ihr Zielland einzudringen. Andere Saboteure überqueren heimlich die Grenze, um von einem sicheren Ort aus ihre subversive Tätigkeit zu betreiben. Ihr Ziel ist in allen Fällen das gleiche: die Infiltration des gegnerischen Gesellschaftssystems und dessen Instrumentalisierung zum Nutzen der eigenen Agententätigkeit.

Die verdeckt operierenden Mikroben beschreiten ebenfalls ungewöhnliche Wege, um die Grenze zu unserem Körper zu überwinden. Dabei stellt ihre Vorgehensweise die der Menschen weit in den Schatten. Nachdem sie in uns eingedrungen sind, richten sie ihre Aktivität auf die Manipulation des Immunsystems, das für unsere Sicherheit verantwortlich ist.

Das Immunsystem arbeitet dabei wesentlich effizienter, als es staatliche Polizei- und Geheimdienste vermögen. Daher bleiben die Eindringlinge nicht unbemerkt. Die bakteriellen Agenten sind demnach gezwungen, die Körperpolizei auszutricksen, um überhaupt in unserem Organismus Fuß fassen zu können.

Doch auf welchen Wegen gelangen die subversiven Bakterien überhaupt in den Körper? Bei den *Borrelien* sind es Zecken, die ihnen als Schlepper helfen, die Grenze unserer Haut zu durchqueren. Wenn die mit *Borrelie*n vollgestopften Plagegeister uns befallen, wandern die Bakterien über den Stichkanal der Zecke in unser Körperinneres. Von dort aus reisen sie auf den Schnellwegen des Blutsystems und der Lymphbahnen bis tief hinein in das Körpergewebe.

Die Eindringlinge machen es unserem Immunsystem unmöglich, sie komplett zu eliminieren. Eines ihrer Mittel dazu sind „Gesichtsveränderungen", die sogenannte *Antigenvariation* [22].

Sie bewirkt, dass niemals alle der getarnten *Borrelien* erkannt werden.

Zusätzlich bringen die Bakterien unsere Körperpolizei dazu, selbst zu schädlichen Entzündungsprozessen beizutragen. Als letzte mögliche Hilfe bleibt nur die Antibiotikatherapie, die im Spätstadium der Erkrankung nicht in jedem Fall anschlägt. Haben sich die *Borrelien* dauerhaft im Körper eingenistet, treten Herzrhythmusstörungen und Nervenschäden auf.

Der zweite Agent der „fünften Kolonne" ist *Treponema pallidum*. Das schlangenförmige Bakterium ist ein enger Verwandter von *Borrelia burgdorferi* und verursacht ebenfalls eine chronische Erkrankung, die Syphilis. Dieser Saboteur braucht kein Insektenvehikel, um in unser Körperinneres zu gelangen, sondern infiziert uns bei intimen Kontakten, wie zum Beispiel beim Geschlechtsverkehr. In seinem weiteren subversiven Vorgehen ähnelt er seinem Verwandten *Borrelia burgdorferi*.

Durch winzige Verletzungen an den Schleimhäuten gelangt *Treponema* in sein neues Opfer. Ist er schließlich im Organismus angekommen, versteckt er sich in den Spalten zwischen den Körperzellen. Dem Angriff des Immunsystems entzieht er sich durch *Antigenvariation*. Im Verlauf der Infektion manipuliert er das Immunsystem derart, dass es für den Organismus schädliche Entzündungen auslöst.

Ohne antibiotische Therapie verbleibt der Saboteur in unserem Körper und verursacht Geschwüre, Organ- und Nervenschäden. Viele berühmte Persönlichkeiten, wie die Komponisten Ludwig van Beethoven und Frederic Chopin, die Philosophen Friedrich Nietzsche und Arthur Schopenhauer, sollen neben zahllosen anderen Menschen diesem subversiven Bakterium zum Opfer gefallen sein.

Der dritte Agent des „Trio infernale", *Salmonella Typhi*, benutzt den Mund als natürlich angelegte Pforte, um sich zu uns

Zutritt zu verschaffen. Er reist dafür per Anhalter auf verseuchten Lebensmitteln, Wasser oder über verschmutzte Hände. Eine Mahlzeit, von einem Typhus-Ausscheider zubereitet, verwandelt ein kulinarisches Vergnügen in einen Alptraum. Nachdem das Bakterium in das Verdauungssystem gelangt ist, wandert es in den Dünndarm. Von dort aus beginnt es mit der eigentlichen Invasion des Körpers.

Im Blut wird *Salmonella Typhi* vom Immunsystem als feindlich erkannt und zu seiner Beseitigung von den Fresszellen (*Makrophagen*) des Immunsystems aufgenommen. Im Unterschied zu anderen Bakterien lässt sich dieser Agent jedoch von den Abwehrzellen nicht verdauen. Er kehrt die Sache um und vermehrt sich in den *Makrophagen*.

Etwa so, als wäre die Polizei von einem Gangstersyndikat unterwandert, das dort immer weitere Schlüsselposten besetzt. Auf diese Weise übernehmen die bakteriellen Eindringlinge langsam aber sicher die Macht über unser Abwehrsystem.

Bei ihrem verheerenden Zug durch den Körper verursachen die *Typhusbakterien* Schäden an den inneren Organen. Bei einem kleinen Teil der Infizierten verstecken sie sich jahrelang im Körpergewebe, um nach einiger Zeit wieder auszubrechen. Solche Dauerausscheider bleiben daher lebenslang eine Ansteckungsquelle für ihre Mitmenschen, auch wenn sie selbst keine Krankheitssymptome zeigen. Nach Schätzungen erkranken jedes Jahr zehn bis zwanzig Millionen Menschen an *Typhus*, wobei mit 100.000 bis 200.000 jährlichen Todesfällen gerechnet wird.

So wie die menschlichen Geheimdienstler hinterlassen die mikrobiellen Agenten nach dem Grenzübertritt oft gewisse Spuren, die sich jedoch nach kurzer Zeit wieder verwischen. Bei den *Borrelien* ist es die *Wanderröte*, bei *Treponema* ein Geschwür und bei *Typhus* sind es Hautausschläge und Fieber. Wer diese Signale nicht erkennt und nicht darauf reagiert, begeht einen folgenschweren Fehler. Denn die Bekämpfung dieser Agenten ist beim ersten Auftreten ihrer charakteristischen Zeichen am vielversprechendsten, da die Infektion erst am Anfang steht.

Haben diese drei bakteriellen Agenten es jedoch geschafft, sich in unserem Körper chronisch einzunisten, wird es schwierig, sie aufzuspüren. Die zur Verfügung stehenden Nachweisverfahren erbringen in diesem Stadium der Erkrankung häufig keine eindeutigen Aussagen. Gegen diese verdeckt operierenden Saboteure gibt es, mit einer Ausnahme, keine Impfungen. Zwar existiert ein *Typhusimpfstoff*, jedoch hält dessen Wirkung nur einige Jahre vor und vermittelt nicht bei allen Geimpften einen tatsächlichen Schutz. Was bleibt, ist die Behandlung mit Antibiotika, wobei diese im Spätstadium der Infektion nicht in allen Fällen erfolgreich verläuft.

Viele der durch die bakteriellen Saboteure hervorgerufenen Beschwerden beruhen auf überschießenden und fehlgeleiteten Reaktionen unseres Immunsystems. Als eigentlicher Garant für unsere körperliche Gesundheit wird es damit zu einem Gegenspieler, der den Bakterien bei ihrem subversiven Vorgehen „ungewollt" Hilfe leistet.

In menschlichen Gesellschaften verläuft es oft nicht anders. Sehen sich Staaten von inneren Feinden bedroht, reagieren sie nicht selten mit umfassenden Überwachungs- und Verfolgungsmaßnahmen. Diese schießen oft am Ziel vorbei, schränken die Freiheit des Einzelnen ein und verursachen dabei oft mehr Schaden, als es der tatsächliche Feind von selbst vermag!

26. Klein, aber oho!

Seit der „Me Too"-Bewegung ist das Wort vom Sexismus wieder in aller Munde. Sei es, weil ein US-Präsident und ein französischer Präsidentschaftskandidat ihre Geschlechtsorgane in Körperöffnungen von Praktikantinnen und Zimmermädchen steckten oder weil gereifte Schauspielerinnen sich erinnern, vor dreißig Jahren von einem sexbesessenen Regisseur vergewaltigt worden zu sein. Oft sind es Männer, inzwischen „alte weiße Männer", denen die Rolle der Schurken zufällt, wohingegen die Frauen vorwiegend die Opferrolle einnehmen. Wie auch immer, Sex ist ein Thema, das die Menschen seit jeher beschäftigt hat und weiter beschäftigen wird.

Doch wie sieht es mit dem Sexleben von Bakterien aus? Haben Bakterien denn überhaupt Sex? Diese Frage stellt man sich, außer in Kreisen von Mikrobiologen, eher nicht. Somit ist es angebracht, hier das Sexleben der Bakterien zu beleuchten.

Wenn es eine „Me Too"-Bewegung unter den Bakterien gäbe, würden die dazugehörenden Enthüllungen alles bisher über die Menschen Geschriebene in den Schatten stellen:

„Sie machten sich zu fünft über mich her, und danach waren wir sechs, die sich ein neues Opfer suchten!"

„Durch meine Vergewaltigung wurde ich zu einer Giftmörderin."

„Er vögelte mich so lange, bis ich mich nicht mehr von ihm unterschied!"

„Sein Ding war zehnmal so lang wie er selbst und er hatte noch drei weitere an sich herumhängen."

Was diese Schlagzeilen bedeuten? Die Realität! Es gibt durchaus eine Sexualität bei Bakterien, nur sieht diese anders aus, als man sie sich vielleicht vorstellt. Wie beim Geschlechtsverkehr zwischen Menschen wird beim bakteriellen Sex, der sogenannten

Konjugation, DNA von einem Bakterium auf ein anderes übertragen. Da es bei Bakterien keine Geschlechter gibt, spricht man von einer Geber- und einer Empfängerzelle.

Die Gene für die *Konjugation* liegen auf einem *Plasmid*. Das ist ein ringförmiges Stück *DNA* außerhalb des Bakterienchromosoms. In Zeiten eines unbekümmerteren Sprachgebrauchs bezeichnete man dieses Plasmid als Sexfaktor und heute, politisch korrekt, als Fertilitätsfaktor (F-Faktor).

Zwar entstehen durch bakteriellen Sex niemals kleine Bakterien, aber die *DNA*-Empfängerzelle erhält auf diesem Weg in Kürze nützliche genetische Informationen, wie beispielsweise eine Resistenz gegen Antibiotika. Durch die Aufnahme des F-Faktors verwandelt sich die Empfängerzelle selbst in eine Geberzelle.

Mit der Zunahme der Geberzellen in einer Bakterienpopulation wird ein auf dem F-Faktor befindliches Gen (z. B. für Resistenz gegen Antibiotika) in einem Schneeballsystem immer schneller auf die noch verbliebenen Empfängerzellen übertragen. Dies bewirkt einen sprunghaften Anstieg von beispielsweise antibiotikaresistenten Bakterien in wenigen Minuten (Abbildung 3).

Gibt es durch die *Konjugation* am Ende also nur noch „Männer" unter den Bakterien? Zum Glück nicht. Eine Geberzelle wird wieder zur Empfängerzelle, wenn der F-Faktor verloren geht. Dies kann spontan oder durch Umwelteinflüsse passieren, bis hin zur „chemischen Kastration" durch *DNA*-schädigende Substanzen. Daher haben Bakterien keine feste Geschlechterspezifität, sondern sind, neudeutsch gesagt, „genderfluide".

Die Übertragung von *DNA* zwischen Mikroorganismen ist ein komplexer Prozess, für den auf dem F-Faktor dreiunddreißig Gene bereitstehen. Ein wichtiger Bestandteil des *Konjugation*sapparates sind die Fertilitäts- oder Sex-*Pili*. Diese haben die gleiche

Aufgabe wie das männliche Geschlechtsorgan, nämlich *DNA* auf einem sicheren Weg in einen Empfängerorganismus zu übertragen.

Ein Bakterium kann einen bis mehrere haarförmige Sex-*Pili* tragen, die mit 20 µm (0,02 mm) etwa zehnmal länger als das Bakterium selbst sind. Es sind dünne, hohle Proteinröhren mit einem Innendurchmesser von 2 nm (zwei millionstel Millimeter), durch welche die *DNA* von einer Zelle auf die andere übertragen wird.

Da Bakterien oft mehr als einen Sex-*Pilus* tragen, können sie gleichzeitig mit mehreren Empfängerzellen konjugieren. Im Elektronenmikroskop sieht man Klumpen von Bakterienzellen, die den Gruppensex zwischen den Mikroben anzeigen.

„*Pili*-Erektionen", mit denen die Bakterien sich einen Sexualpartner angeln, und Retraktion der *Pili* bei erfolgloser Partnersuche wurden mit *konfokaler Mikroskopie* erstmals sichtbar gemacht. Die *Konjugation*sbindung ist so fest, dass starke mechanische Scherkräfte nötig sind, um die kopulierenden Bakterien zu trennen. Ein „Coitus interruptus" ist demnach ziemlich ausgeschlossen.

Das Paarungsverhalten der Bakterien kann bis zur mikrobiellen „Sodomie" gehen, wenn sich Mikroben verschiedener *Spezies* vereinen, um ihr Erbmaterial auszutauschen. Bevor man nun ein mikrobielles Sodom und Gomorrha beschwört – ganz so frei darf nicht jedes Bakterium seinen *Pilus* in jede andere Mikrobe stecken. Ein Gen auf dem F-Faktor verhindert den Sex zwischen zwei Geberzellen, wenn beide den gleichen F-Faktor tragen.

Wer jetzt aber meint, Bakterien wären von Natur aus nicht „homosexuell", der trifft nicht den Kern. Bakterien verhalten sich nur ökonomisch, denn der Austausch von genetisch identischen F-Faktoren bringt keinen evolutionären Gewinn. Doch in der Natur es gibt viele Fertilitätsfaktoren mit unterschiedlichen Geninformationen. Treffen Geberzellen mit verschiedenen F-Faktoren und *Konjugation*ssystemen aufeinander, lassen diese sich von den anderen ungehindert „stechen".

Aus dem Gesagten geht hervor, dass der bakterielle Sex, so wie der menschliche auch, energieaufwendig ist. Er muss also außer einem möglichen Spaßfaktor, der bei den Bakterien noch nicht erforscht wurde, noch andere für das Überleben der Mikroben wichtige Aufgaben erfüllen. Um das zu verstehen, muss man sich mit der Vererbung bei den Bakterien etwas vertrauter machen.

Spontane *Mutationen* treten mit einer Häufigkeit von 1:100.000 bis 1:1.000.000 auf. Somit ist nur jedes hunderttausendste bis millionste Bakterium davon betroffen. Die meisten *Mutationen* haben nachteilige Folgen, nur wenige können unter bestimmten Bedingungen einen Gewinn bedeuten. Wie eine Veränderung in der Zellwand, wenn sie zur Folge hat, dass ein Bakterium ein Antibiotikum nicht mehr aufnimmt (Abbildung 2: spontan auftetende resistente Mutanten „weiße Bakterien")

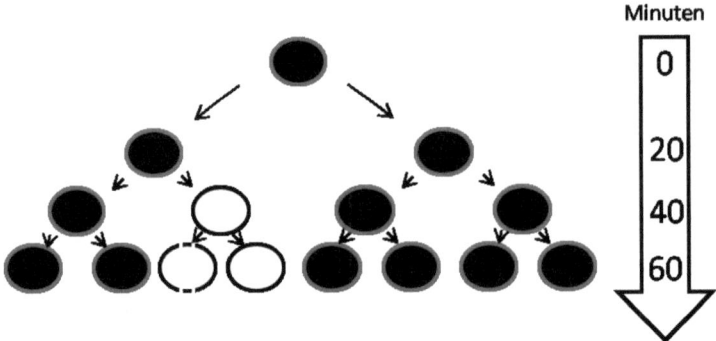

Abbildung 2: Vererbung durch Zellteilung

Allerdings treten solche *Mutationen* sehr selten auf. Zudem braucht es zwanzig bis dreißig Minuten, bis aus dem gegen das Antibiotikum resistent gewordene Bakterium zwei werden (Abbildung 2).

Ein Antibiotikum wirkt jedoch viel schneller, sodass dieser Art der Resistenzentwicklung im Bedarfsfall oft nicht genügend Zeit bleibt, um sich auszuprägen.

Daher gibt es andere Mechanismen, die in wesentlich kürzerer Zeit bei Bakterien die Übertragung einer genetischen Informati- on, wie die Antibiotikaresistenz, vermitteln. Einer dieser Mecha- nismen ist die *Konjugation*. Am besten funktioniert die *Konjuga- tion* in dichten Ansammlungen von Bakterien, wie zum Beispiel in einem Biofilm. Dort bieten sich viele potenzielle Partner an, um genetisches Material auszutauschen. Man kann hier von ei- nem Marktplatz der Gene sprechen. Ähnlich wie bei der mündli- chen Weitergabe einer Nachricht werden mit der *Konjugation* genetische Informationen (Abbildung 3: resistente „weiße Bakte- rien") in kurzer Zeit unter vielen Bakterien gestreut.

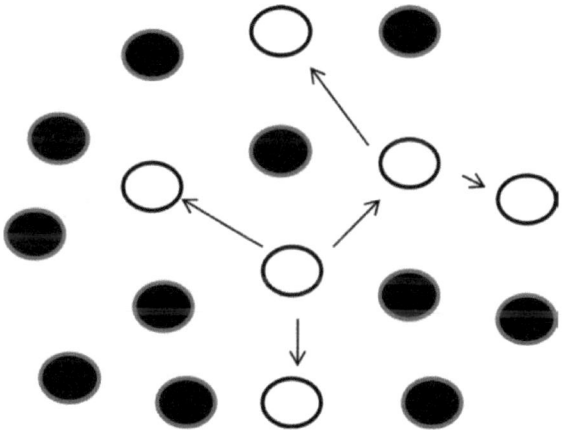

Abbildung 3: Vererbung durch *Konjugation*

Diese schnelle Art der Vererbung bezeichnet man als den „ho- rizontalen Gentransfer". Das ist keine Anspielung auf das „hori- zontale Gewerbe", sondern macht nur den Unterschied zur klas- sischen „vertikalen" Vererbung durch Teilung der Bakterien deutlich. Die *Konjugation* zwischen Bakterien hat daher auch einen wesentlichen Anteil an der Entwicklung von *virulenten Klonen* innerhalb einer *Spezies*.

Bei *E. coli* reicht deren Bandbreite von *symbiontischen* Bewohnern des Darmes bis hin zu lebensgefährlichen Infektionserregern wie z. B. *EHEC* [23].

Außer der *Konjugation* gibt es noch andere Möglichkeiten des *horizontalen Gentransfers*, die eine schnelle Übertragung von genetischer Information zwischen Bakterien und der Verbreitung und der Anpassung von Viren erlauben. Hierbei spielt die direkte Übertragung von Nukleinsäuren zwischen den verschiedenen Organismen eine wichtige Rolle [27].

27. Kopier ich, also bin ich!?

China wurde von den westlichen Ländern allzu lange nur als billige Werkstatt zur Fertigung industrieller Produkte betrachtet. Die niedrigen Lohnkosten, das Fehlen von Umweltschutzauflagen, der Devisenhunger des Staates und der Fleiß der chinesischen Menschen trugen dazu bei.

Allerdings rechnete man nicht damit, dass die Produzenten aus dem Reich der Mitte sich mit jedem Werkstück mehr in die Lage versetzten, eigene Produkte auf der Basis der aus den westlichen Ländern bereitgestellten Blaupausen herzustellen.

Die chinesischen Entwicklungen machen den westlichen Produkten zunehmend Konkurrenz. Mittlerweile werden sie am Produktionsort zu höherer technischer Reife weiterentwickelt. Aus diesen Gründen wirft man den Chinesen vor, sie würden hemmungslos alles kopieren, was ihnen nützlich erscheint, und sich nicht an Patente und Absprachen halten. Die fernöstliche Einstellung zu dieser Praxis mag ihrer Tradition entsprechen, denn schon der chinesische Philosoph Konfuzius (551−479 v. Chr.) soll gesagt haben: „Wer große Meister kopiert, erweist ihnen Ehre."

Allerdings betreibt man illegales „Abkupfern" nicht nur in China, sondern in vielen anderen Staaten auch. Nicht erst seit gestern gibt es neben der militärischen - auch die Industriespionage. Diese gilt als besonders unfair und wird in allen Ländern, inklusive China, streng verfolgt. Eine gewisse Heuchelei ist dabei im Spiel, denn man möchte sich den Vorteil gegenüber dem Konkurrenten nicht nehmen lassen.

Wie sieht es nun in der Natur mit dem Kopieren aus? Bei jeder Teilung von Zellen, vom Bakterium bis zum Menschen, wird das Erbmaterial *DNA* sorgfältig kopiert und passgenau auf die Tochterzellen verteilt.

Allerdings begnügt man sich nicht damit, nur Bekanntes zu

kopieren. Im Gegenteil, im Mikrokosmos ist das Übernehmen nützlicher Werkzeuge aus fremder Quelle als Mittel zur Daseinsvorsorge Usus. Entwickelt ein Organismus eine genetische Blaupause für eine Antibiotikaresistenz, wird diese bald unter den Bakterien weit über die Artgrenzen hinaus geteilt.

Zum „Schmuggel" genetischer Informationen aus fremder Quelle dient zum einen die *Konjugation* [26], der parasexuelle Austausch zwischen den Bakterien. Diese findet auch zwischen verschiedenen *Spezies* von Mikroben statt. Die vielberühmte Honigfalle, bei der ein(e) Spion(in) über die sexuelle Verführung eines naiven Informationsträgers zu nützlichem Wissen kommt, gibt es auch bei den Mikroorganismen. Ohne dass diese jedoch befürchten müssen, später dafür bestraft zu werden.

Doch es existieren noch andere Mechanismen, mit denen Bakterien Erbinformationen aus fremden Quellen aufnehmen. Auf diesen Wegen wird Genmaterial zwischen verwandten und unterschiedlichen Mikrobenspezies ausgetauscht, ohne dass diese miteinander in Berührung kommen müssen. Diese Form der *DNA*-Übertragung nennt man den „*horizontalen Gentransfer*".

Wie aber wird die Erbinformation dem Empfängerbakterium ohne direkten Kontakt zugestellt? Ein Weg dazu ist die *Transformation*. Dabei nehmen die Bakterien *DNA* aus ihrer unmittelbaren Umgebung auf. Vagabundierende *DNA* findet sich überall dort, wo Mikroben sind. Sie stammt aus Bakterien, die durch Umwelteinflüsse, *Bakteriophagen* oder Antibiotika zerstört worden sind. Diese freie *DNA* dient dem Bakterium als Rohstoff, denn Recycling wird im Mikrokosmos, wo Energiesparen ein Mittel zum Überleben ist, großgeschrieben.

Bestehen auf Abschnitten der neu aufgenommenen *DNA* Ähnlichkeiten mit der *DNA*-Sequenz im Bakterien*genom*, kann das fremde *DNA*-Stück dort auch eingebaut werden. Man bezeichnet diesen Vorgang als *Rekombination*. Je nachdem, welche genetischen Informationen auf dem neu hinzugekommenen *DNA*-Abschnitt liegen, erhält das Empfängerbakterium zusätzliche Erbinformationen, wie zum Beispiel für eine Antibiotikaresistenz.

Die *Transformation* wurde erstmals 1944 von der Gruppe um Oswald Avery (1877–1955) bei *Pneumokokken* (*Streptococcus pneumoniae*) entdeckt. Sie dient diesen Bakterien als natürlicher Weg zur Kapselbildung, was ihre Virulenzeigenschaften verstärkt. Mit ihrer Arbeit erbrachten die Forscher den experimentellen Beweis für die Rolle von *Nukleinsäuren* (*DNA*) als Träger der Erbeigenschaften.

Einen weiteren Zugang, über den Mikroben an fremde genetische Informationen gelangen, ermöglichen ihnen ihre viralen Fressfeinde, die *Bakteriophagen.* Bei der Infektion eines Bakteriums heftet sich der *Phage* an dessen Oberfläche an und injiziert seine *DNA* wie durch eine molekulare Spritze in das Bakterieninnere. Das Bakterium stuft diese *Phagen-DNA* entweder als gefährlich ein und zerstört sie, oder es „interessiert" sich für die neue Geninformation, die da plötzlich in seinem Zellinneren auftaucht.

Diese Neugierde ist jedoch fatal, denn mit dem Lesen dieser Botschaft setzt sich ein unwiderruflicher Zyklus in Gang, bei dem die Mikrobe genetisch umprogrammiert wird. Sie muss fortan nur noch *Phagen* herstellen, bis alle ihre Kraftreserven erschöpft sind. Am Ende des sogenannten „*lytischen*" Zyklus zerplatzt das Bakterium und setzt Hunderte von neuen *Phagen* frei, die sich auf die nächsten Opfer stürzen.

Interessanterweise haben Computerhacker mit den „Würmern" eine Klasse von Schadsoftware entwickelt, die sich ähnlich wie ein Phage im befallenen Computer vermehrt. Der „Wurm" benutzt das Betriebssystem des Rechners als Hilfsmittel zu seiner Vermehrung. Er blockiert viele „lebenswichtige" Funktionen und infiziert über Netzwerke, das Internet und Datenträger andere

Computer, von denen aus in kurzer Zeit weitere Rechner infiziert werden.

Im Gegensatz zum Computerwurm sind *Phagen* jedoch mehr als nur primitive Killer. Mit der Einbringung ihrer *DNA* in die Bakterien eröffnen sie nämlich einen weiteren Weg des genetischen Austauschs. Dieser wird beschritten, wenn der *Phage* das Bakterium nicht umbringt, sondern seine *DNA* in dessen *Genom* einbaut. Dadurch wird die *Phagen-DNA* bei jeder Teilung des Bakteriums auf die Tochterzellen weitergegeben.

Indem er Teil des Bakterienchromosoms wird, verhalt sich der *Phage* wie ein „Schutzgelderpresser". Durch seine erzwungene Anwesenheit schützt er gleichzeitig seine Wirtsmikrobe vor weiteren Infektionen durch ihm ähnliche Konkurrenz-*Phagen*.

Der Prozess der Phagenintegration (*Lysogenisierung*) hat evolutionär gesehen jedoch noch viel mehr zu bieten. Auf der ins Bakterium eingebauten *Phagen-DNA* können zusätzliche Erbinformationen liegen, die dem Bakterium Vorteile bringen, wie beispielsweise Antibiotikaresistenzen und Fitnessfaktoren.

Damit verhilft der „Schutzgelderpresser" seinem Bakterienwirt, sich gegen andere Bakterien und auch als Infektionserreger besser durchzusetzen! Paradoxerweise zählen *Phagen* als Fressfeinde der Bakterien damit zu den bedeutendsten Antriebskräften der bakteriellen Evolution.

Für uns Menschen bringen diese *lysogenen Phagen* nichts Gutes. Sie übertragen auch Gene für die Produktion von Giften, wie *Choleratoxine, Diphtherietoxine* und *Shigatoxine.* Mit der Aufnahme solcher Toxinviren verwandelt sich ein harmloses Bakterium in einen gefährlichen Krankheitserreger [23].

Die Mikrobiologie ist reich an Beispielen, wie wirtsschädigende Eigenschaften, sogenannte *Virulenzfaktoren*, zwischen Bakterien ausgetauscht werden. Die Übertragung der *Virulenzfaktoren* über die Artgrenzen hinaus erfolgt durch die Wege des „*horizontalen Gentransfers*". Auf diese Weise entstehen neuartige Krankheitserreger, die das bisher Dagewesene in ihrer Gefährlichkeit in den Schatten stellen können.

Ein Beispiel für ein solches Superbakterium ist *EHEC* O104 [23]. Dieser Keim löste in Deutschland im Sommer 2011 eine *Epidemie* mit über viertausend schweren *hämorrhagischen* Erkrankungen aus. *EHEC* O104 entstand durch *horizontalen Gentransfer* als Kombination aus zwei verschiedenen *E. coli*-Krankheitserregern. Das daraus entstandene Produkt war wesentlich *virulenter* als seine Vorgänger. An der Entstehung dieses Killerkeims war ein *Shigatoxin-Phage* maßgeblich beteiligt.

*

Ungetrübtes Glück ist auch für ein Bakterium selten, denn die *Lysogenisierung* birgt auch ein Risiko für die Mikrobe. Im *Genom* „schlafende", *lysogene Phagen* stellen tödliche Zeitbomben dar, die jederzeit in der Lage sind, sich im Bakterium zu vermehren, um es zu zerstören (siehe oben). Um bei dem Beispiel zu bleiben: Wenn der „Schutzgelderpresser" merkt, dass sein Wirt ihm nichts mehr einbringt, nimmt er alles, was noch zu holen ist und macht sich aus dem Staub! Solche Vorgänge treten allerdings nicht so häufig auf, um das Überleben des Bakterienklons [3], zu dem sein Wirt gehört, zu gefährden.

Der Einbau von Viren in das *Genom* ist nicht nur auf *Prokaryonten* beschränkt, sondern spielt auch bei höheren Organismen eine wichtige Rolle. Sogenannte Provirus-*DNA* umfasst etwa acht Prozent des menschlichen *Genoms*. Überwiegend handelt es sich um Bruchstücke sogenannter *Retroviren* (*HERV*), die auf die Nachkommen weitervererbt werden. Im Verlauf der Evolution sind Funktionen der *HERV* wie die *Syncytine* essentiell für die Fortpflanzung der höheren Säugetiere und des Menschen geworden [1].

Viele Viren begleiten unsere *Spezies* seit Anbeginn ihrer Entwicklung nicht nur als Krankheitserreger, sondern auch als treibende Kräfte in unserer Evolution. Als Wandler zwischen verschiedenen Wirtsorganismen können sie Gene zwischen verschiedenen Spezies durch „horizontalen Gentransfer" übertragen. Andererseits können jedoch auch andere *pathogene* Viren sich durch eine Infektion neu in unser *Genom* einschleichen. Wenn diese durch Umstände, die nicht völlig bekannt sind, aktiviert werden, können sie schwere Erkrankungen bis hin zu Krebs auslösen.

Friedlich erscheinende Gäste, die scheinbar voll integriert, sich eines Tages als tickende Zeitbomben erweisen, gibt es in menschlichen Gesellschaften zu Genüge. In ihrer rechtzeitigen Erkennung und Neutralisierung scheinen die Menschen ähnlich hilflos wie die Mikroben zu sein. Ein Beispiel dafür ist der internationale Terrorismus, der trotz aller Gegenmaßnahmen nicht völlig beherrschbar ist.

Kopier ich, also bin ich!? Ob wir es Informationsaustausch oder Datenklau nennen, bleibt uns überlassen. Was den Mikrokosmos betrifft, so hat sich die Weitergabe von „genetischen Botschaften" zwischen den bakteriellen Arten als evolutionärer Vorteil erwiesen. Der freie Austausch sorgt dafür, dass (über)lebenswichtige Informationen in kurzer Zeit verschiedenen Organismen zur Verfügung stehen. Das *Mikrobiom* scheint damit gut zu prosperieren.

Wäre die freie Weitergabe von nützlichen Informationen aller Art nicht auch eine prima Idee für die Menschheit? Die Früchte kämen schließlich allen zugute!

Vielleicht würden sich dann Erfinder und Tüftler weniger anstrengen, wenn ihre Arbeit allen gleichermaßen zur Verfügung stände? Denn auch geistige Arbeit hat ihren Preis und sollte entsprechend wertgeschätzt werden. Der Mensch ist eben manchmal ein auf sich gestellter Individualist, und das Bakterium lebt ohne Selbstbestimmung im Kollektiv [3].

28. Die gläserne Mikrobe!

In China laufen seit vielen Jahren Maßnahmen, alle Einwohner rund um die Uhr mit modernster Technik zu beobachten. Dabei werden Verstöße gegen ein vorgegebenes Sozialverhalten registriert, um Abweichler durch gesellschaftliche Nachteile zu sanktionieren. Das Ziel dabei ist, unerwünschtes Verhalten bereits im Keim zu ersticken.

Hinter der totalen Kontrolle aller Menschen steht, wie oft in solchen Fällen, die Idee von einer „besseren Welt", zumindest aus Sicht der Regierung. Der Nachteil solcher Zwangsmaßnahmen liegt in der Unterdrückung der individuellen Entfaltung und der Kreativität jedes Einzelnen.

Auch in der Erkennung von Krankheitserregern greift man seit einigen Jahren, und das nicht nur in China, zu Methoden einer möglichst lückenlosen Überwachung. Auf diese Weise sollen Infektionserreger bereits identifiziert werden, noch bevor eine Erkrankung ausbricht oder ihr Verlauf sich verschlimmert. Angestrebt wird eine möglichst frühzeitige und erregerspezifische Therapie.

Da Mikroorganismen zu klein sind, um sie mit Kameras zu scannen, sucht man stattdessen nach ihrem genetischen Fingerabdruck. Die Möglichkeit dafür ist inzwischen gegeben, denn in den letzten Jahren hat man die *Genom*sequenzen und damit die Erbeigenschaften fast aller bekannten Krankheitserreger entschlüsselt.

Mit dem *Nukleinsäure-* (*DNA* oder *RNA*) Nachweis spürt man Gensequenzen auf, die für bestimmte Krankheitserreger charakteristisch sind. Zum Beispiel Gene zur Produktion bakterieller Gifte, die für Erkrankungen wie *Diphtherie*, *Tetanus* oder blutigen Durchfall verantwortlich sind.

Bei Viren sind es neben *DNA*- auch *RNA*- Sequenzen, die spezifisch für das zu identifizierende Virus sein müssen, um eindeutige Ergebnisse zu erzielen. Im Unterschied zur klassischen Diagnostik ermöglicht der *Nukleinsäurenachweis* die Erkennung eines Erregers, noch bevor er aus Patientenproben (Speichel, Blut, Stuhl, Urin und Gewebe) isoliert worden ist. Laboruntersuchungen auf Infektionserreger, die vor der Einführung molekularbiologischer Methoden Tage und Wochen brauchten, reduzieren sich damit auf ein paar Stunden bis hin zu wenigen Minuten.

Um sich das besser zu vergegenwärtigen, sollte man das Prinzip des Nukleinsäurenachweises kennen. Als Voraussetzung dafür müssen zumindest Teile der gesuchten *Nuklein-säuresequenzen* bekannt sein. Diese braucht man, um der Sequenz entsprechende *DNA*-Stücke, sogenannte *Primer* zu konstruieren. Die *Primer* liegen an den beiden Enden des DNA-Abschnittes, nach dem in der Probe gesucht wird.

Ist diese *DNA* in der Probe vorhanden, binden die *Primer* an der Proben-*DNA*. Der von den beiden *Primern* eingegrenzte *DNA*-Bereich wird mit Hilfe der *PCR* (Polymerase-Kettenreaktion) in Verdopplungsschritten exponentiell (2, 4, 8, 16, 32 - etc. Kopien) vervielfältigt.

Im Vergleich zu einem linear arbeitenden Fotokopierer arbeitet die *PCR* wesentlich fixer. In 25–36 Kopierschritten (*PCR-Zyklen*) entstehen ausgehend von einem *DNA*-Abschnitt in ein paar Minuten Milliarden identische Kopien. Liegt im Untersuchungsmaterial auch nur ein Mikroorganismus mit dem gesuchten Gen vor, genügt das bereits.

Viele Viren, darunter auch Krankheitserreger wie *HIV, Hepatitis*- und *Coronaviren* enthalten als Erbsubstanz *RNA* anstelle von *DNA*. Um die *PCR* zum Aufspüren von mit *RNA*-Viren durchzuführen, wird deren *RNA* mit Hilfe des Enzyms *Reverse Transkriptase* zuerst in die entsprechende (komplementäre) *DNA-Sequenz* „umgeschrieben" (*RT-PCR*). Die Vervielfältigung des Genabschnitts erfolgt danach an dem so erzeugten *DNA-Fragment* wie oben beschrieben.

Prinzipiell multipliziert man mit der *PCR* ein in der Probe vorhandenes (ein Gen oder ein Teil davon), aber für einen direkten Nachweis zu schwaches Signal, milliardenfach, bis es von seiner Menge her für den Anwesenheitsnachweis „sichtbar" wird.

Zur Kontrolle, ob es sich bei dem vervielfältigten Abschnitt auch um die gesuchte *DNA-Sequenz* handelt, führt man mit der so vervielfältigten *DNA* Längenbestimmungen, Sequenzanalysen und Tests auf Bindung mit Sequenz-spezifischen *Gensonden* durch.

Mit der Einführung gentechnischer Methoden wurde die Diagnostik von Infektionskrankheiten revolutioniert. Sie ist spezifischer, schneller und billiger als die klassischen Verfahren der Labordiagnostik durch Vermehrung und Speziesbestimmung der Erreger. Ein weiterer Vorteil des *DNA*-Nachweises besteht in seiner Messempfindlichkeit, da er auch Spuren von *DNA* nachweisen kann.

In der Empfindlichkeit der Genspürnase liegt zugleich ein Nachteil. Denn nicht in jedem Fall steht der *DNA*-Nachweis eines Erregers mit einer Krankheit in tatsächlichem Zusammenhang. Wir können Infektionserreger in uns tragen, ohne dass wir an diesen erkranken.

Im Unterschied zu den klassischen Kultivierungsverfahren unterscheidet der *DNA*-Nachweis auch nicht zwischen vermehrungsfähigen Organismen und *Nukleinsäure*-Überresten aus toten Erregern.

Jedes diagnostische Testverfahren, wie auch die *PCR*, beinhaltet Fehlerquoten. Diese müssen möglichst niedrig sein, um die Brauchbarkeit des Tests zu gewährleisten. Abhängig von den gewählten *PCR*-Bedingungen können falsch-positive oder falschnegative Ergebnisse erzielt werden. Falsch-positive Ergebnisse, die das Vorhandensein der gesuchten *DNA*-Sequenz vortäuschen, können zum Beispiel durch zu viele Verdopplungsschritte (> 35 Zyklen) beim *DNA*-Kopiervorgang erreicht werden.

Diese bekannte Tatsache führte zu Diskussionen, ob die für den *SARS-CoV-2*-Nachweis verwendeten *PCR*-Anwendungen für die medizinische Diagnostik unbedeutende Mengen des Virus anzeigen oder sogar falsch-positive Befunde erbringen.

Aus diesem Grund untersuchte man die Übereinstimmung von positiven PCR-Befunden mit dem tatsächlichen Nachweis von *SARS-CoV-2*-Viren. Je weniger Verdopplungsschritte in der *PCR* notwendig waren, um ein positives Ergebnis zu erzielen (niedriger CT-Wert), desto besser stimmte das *PCR*-Ergebnis mit dem Virusnachweis überein. Brauchte der *PCR*-Nachweis mehr als 35 Zyklen (hoher CT-Wert), lagen *SARS-CoV-2*-Viren nachweislich nur noch in drei bis acht Prozent der Proben vor.

Das ist insofern von Bedeutung, da die ursprünglich für *SARS-CoV-2* entwickelte *PCR* einen Durchlauf bis zu fünfundvierzig Zyklen vorschreibt. Wenn keine Symptome einer *Covid-19*-Erkrankung vorliegen und die Anzahl der durchgeführten PCR-Zyklen zum Virusnachweis nicht mitberücksichtigt wird, sind nicht relevante oder falsch-positive Befunde möglich, welche für die Betroffenen erhebliche Konsequenzen nach sich ziehen können.

Man sollte also wissen, ob man nur „die Flöhe husten hört" oder dem tatsächlichen Krankheitserreger auf der Spur ist. Das Gesundheitssystem würde rasch kollabieren, wenn zu viele Patienten ausschließlich aufgrund eines Gennachweises die Isolierstationen der Krankenhäuser bevölkern.

Daher sollte prinzipiell ein Zusammenhang zwischen dem *Nukleinsäurenachweis* und einer vorliegenden Erkrankung oder einem konkreten Ansteckungsverdacht bestehen. Dies wird an den unterschiedlichendie Falldefinitionen des Robert-Koch-Institutes zur *Influenza* und *Covid-19* Diagnostik deutlich (Abbildung 4).

Dem Robert-Koch-Institut in Berlin gemeldete Fälle von *Influenza* und *Covid-19* in Deutschland 2018-2020.

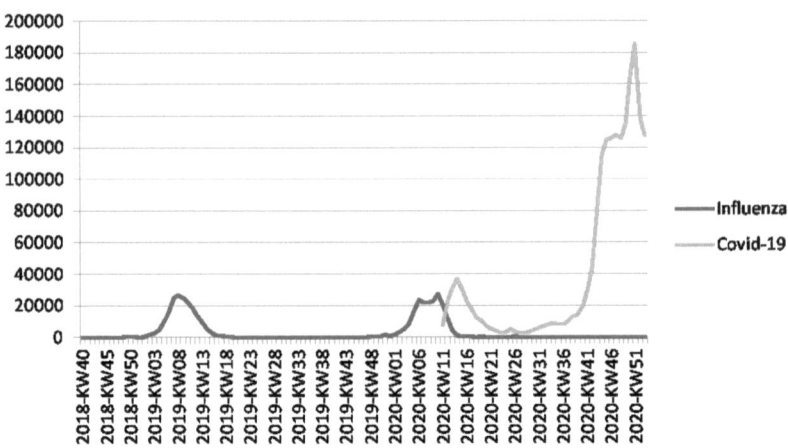

Abbildung 4: dem RKI gemeldete Fallzahlen *Influenza* & *Covid-19*.

Senkrechte Achse: Anzahl der Fälle. Waagerechte Achse: zeitlicher Verlauf nach Kalenderwochen (KW). *Covid-19*-Fälle werden erst seit Anfang 2020 systematisch erfasst.

Zur **Falldefinition von *Influenza*** gehört das Vorliegen von Grippesymptomen (Verdachtsfall), die durch einen labordiagnostischen Nachweis (*PCR*) von Grippeerregern bestätigt werden muss.

Zur **Falldefinition von *Covid-19*** genügt bereits ein labordiagnostischer Nachweis von *SARS-CoV-2*, auch wenn keine Symptome einer Erkrankung vorliegen.

Circa achtzig Prozent der *PCR*-positiven *Covid-19*-Fälle zeigen keine Anzeichen einer Erkrankung. Würde man für *Covid-19* die gleiche Falldefinition wie für die *Influenza* heranziehen (Symptome der Erkrankung plus *PCR*-Bestätigung), dürfte die Zahl der erfassten *Covid-19*-Erkrankungen bei circa zwanzig Prozent der nur nach *PCR* erfassten Fälle liegen. Somit wäre sie etwa auf der Höhe der gemeldeten Fälle von *Influenza* in 2019 und 2020 (Abbildung 4).

Bei akuten *Epidemien* mit Krankheitserregern kann die Sachlage es erfordern, dass auch Verdachtsfälle ohne Krankheitszeichen mit dem *Nukleinsäurenachweis* untersucht werden. Das geschieht, um möglicherweise Infizierte noch vor dem Auftreten von Krankheitszeichen zu erkennen, um eine Weiterverbreitung der Infektion zu verhindern.

Dies muss aber unter Maßgabe der oben genannten Kriterien geschehen. Ein bloßer *PCR*-Befund muss daher durch weitere Abklärung (Vorliegen von Erkrankungssymptomen, CT-Wert, Erregernachweis etc.) validiert werden.

29. Der gläserne Mensch?

DNA ist ein universeller Bestandteil aller Organismen. Daher bietet der *DNA*-Nachweis auch in der Überführung von Straftätern Möglichkeiten, die der klassischen Kriminalistik zuvor verschlossen waren. *DNA*-Spuren, die Täter am Opfer oder am Tatort hinterlassen, dienen dabei als Untersuchungsmaterial. Solche biologischen Spuren hinterlässt jeder Mensch in Form von winzigen Hautabschilferungen, Haaren, Blut und Sekreten an Lebewesen und Objekten, mit denen er in Berührung gekommen ist. Wie beim Erregernachweis braucht man auch hier nur geringe Mengen an *DNA*, um diese mit der PCR auf ein analysierbares Maß zu vervielfältigen.

Die sich über drei Milliarden *DNA*-Bausteine erstreckende *Genom*sequenz des Menschen ist seit 2003 entschlüsselt. Seitdem wurden circa eine halbe Million menschlicher *Genome* sequenziert. Die Kosten für eine solche *Genom*analyse sind mittlerweile auf unter tausend Euro gesunken. Für die kriminalistische Arbeit verwendet man kurze, sich wiederholende *DNA*-Abschnitte, sogenannte *„Short Tandem Repeats"*. Diese sind bei den Menschen individuell unterschiedlich und dienen als „genetischer Fingerabdruck".

Man vergleicht *DNA*-Spuren vom Tatort mit den „genetischen Fingerabdrücken" aus dem Kreis der Verdächtigen. Zur Gewinnung von Untersuchungsmaterial reicht ein Rachenabstrich. Hundert Pikogramm *DNA* (0,000.000.000.1 Gramm), entsprechend dem *Genom* von fünfzehn Körperzellen genügen, um den Nachweis mit der PCR durchzuführen.

Findet sich unter den Untersuchten eine Person mit genetischer Übereinstimmung zur *DNA* aus den Tatortspuren, hat man den „Spurenleger" mit einer Irrtumswahrscheinlichkeit von eins zu einer Milliarde identifiziert. Inzwischen existieren noch weiter gehende Verfahren, mit denen sogar *DNA*-Proben von eineiigen

Zwillingen anhand von entwicklungsbedingten (*epigenetischen*) Veränderungen an der *DNA* unterschieden werden können.

Die Effizienz des *DNA*-Nachweises zur Identifizierung von gefährlichen Mikroben und ebensolchen Kriminellen ist unumstritten. Anders als bei den Mikroorganismen bestehen bei der Untersuchung von Menschen jedoch ethische und rechtliche Bedenken. Theoretisch könnte man jede Person anhand ihrer *DNA*-Spuren identifizieren, wenn von allen Menschen *DNA*-Profile vorhanden wären.

Im Jahr 2017 lagen bereits einhundert Millionen *DNA*-Datensätze vor. Davon stammten über die Hälfte von Menschen aus China und ein weiteres Drittel verteilt sich auf Europa und die USA.

In Deutschland ist es erlaubt, *DNA*-Proben in laufenden Ermittlungsverfahren bei jeder Art von Straftaten zu entnehmen. Für alle anderen Strafverfahren dürfen *DNA*-Proben nur im konkreten Verdachtsfall auf erhebliche Straftaten und auf Sexualdelikte herangezogen werden. Vom Bundeskriminalamt sind nach offiziellen Angaben circa 1,2 Millionen *DNA*-Profile archiviert (Stand: März 2020).

Um von Seiten des Staates eine lückenlose Erfassung aller Menschen auf *DNA*-Ebene zu gewährleisten, müssten die genetischen Profile der gesamten Bevölkerung sowie aller Einreisenden auf unbestimmte Zeit gespeichert werden. Falsche Identitäten, die Kriminelle zu Tarnzwecken oft verwenden, wären damit schnell aufgedeckt, wie auch viele ungeklärte Verbrechen, bei denen *DNA*-Spuren asserviert wurden.

Ein solches Vorgehen bedeutet zwangsläufig die totale Kontrolle der Bewohner des Landes. Da Menschen *DNA*-Spuren überall hinterlassen, wo sie sich aufhalten, ermöglicht es darüber hinaus das Anlegen von Bewegungsprofilen und die Überwachung jedes Einzelnen.

Aktuelle und künftige Entwicklungen erlauben, anhand von gefundenen *DNA*-Spuren Steckbriefe von Gesuchten anzufertigen, auch wenn man keine *DNA*-Gegenprobe aus dem verdächtigten Personenkreis hat. Denn äußerliche Merkmale, wie die Farbe der Augen, der Haare und der Haut, sowie das etwaige Alter können bereits aus Nukleinsäuresequenzen „abgelesen" werden. Die Palette der auf diesem Weg erfassbaren Kriterien für eine präzisere Personenbeschreibung ist nach oben hin weit offen.

Mit der technisch bereits möglichen, genetischen Erfassung aller Menschen schließt sich der Kreis der totalen sozialen Kontrolle, wie es der chinesische Staat bereits in Modellversuchen durchführt. Doch nicht nur in China, sondern auch in anderen Ländern wird das Netz der Überwachung immer enger über alle Menschen gezogen. Daran beteiligt sind außer staatlichen Institutionen auch global agierende Wirtschaftsunternehmen, Kommunikationsdienste und soziale Netzwerke.

Persönliche Daten sind längst zur Handelsware geworden, *DNA*-Profile sind nur ein zusätzliches Glied in der Kette. Es geht nicht nur darum, uns als Konsumenten, sondern auch als Träger von Meinungen zu erfassen.

Den „gläsern gewordenen Menschen" kann man mit auf ihn zurechtgeschnittener „Information" beeinflussen, die von Werbung kaum unterscheidbar ist. Bild- und Spracherkennungssysteme in Mobilfunkgeräten sind eine noch tiefer in den Privatbereich vorgedrungene Form der Überwachung als Videokameras, die im öffentlichen Raum schon seit Langem präsent sind.

Ein Missbrauch genetischer und sozialer Daten von staatlicher und privater Seite ist längst Realität. Das hat sich am massenhaften Ausspionieren von Kommunikationsdaten auch in Ländern gezeigt, die sich als Musterdemokratien bezeichnen. Welches politische System solche Maßnahmen auch durchführen mag, eine Totalüberwachung mündet in eine Gesellschaft, in der die individuelle Freiheit und damit die Kreativität des Einzelnen keine große Rolle mehr spielt.

30. Vorsicht zerbrechlich!

Weltweit hat der Verpackungsmüll dermaßen zugenommen, dass Plastik und die daraus hergestellten Produkte die Erde und besonders die Meere verschmutzen. Als mikroskopisch kleine Partikel kommen die Kunststoffabfälle über die Nahrung, das Wasser und die Luft in unsere Körper zurück, mit schädlichen Folgen für unsere Gesundheit.

Wir Menschen verpacken fast alles, was wir kaufen, transportieren, verschicken oder verschenken. Selbst Dinge, die ihre eigene natürliche Verpackung besitzen, wie Früchte und Gemüse, wickeln wir noch in Folien ein. In manchen Kulturen wie in Japan ist die Gestaltung der Umhüllung mitunter wichtiger als der Inhalt.

Die Natur ist ideenreich mit ihren Hüllen, die zugleich Leben schützen, abgeschlossene Reaktionsräume bilden und darüber hinaus als Sinnesorgane dienen. Vom Einzeller über die Pflanzen, von den Tieren bis zu uns Menschen treffen wir auf Membranen, *Vakuolen*, Zellwände, bis hin zu festen Kapseln und harten Panzern, die das Lebendige bewahren.

Unsere Haut ist gleichermaßen schützende Hülle und sensibles Organ. Zu welchem Zweck sie gemacht und wie sie auch zusammengesetzt sind: Alle aus der Natur stammenden Umhüllungen kehren in den Kreislauf der Erde zurück, ohne schädliche Rückstände zu hinterlassen. Dies gilt für eine Eierschale ebenso wie für die Schale einer Kokosnuss.

Der Unterschied zu den überdimensionierten Verpackungen unserer Warenwelt, mit denen man Wegwerfprodukte mehr gegen Diebstahl als gegen Beschädigung schützt, kann nicht größer sein. Aufgeblähte, reißfeste Verkleidungen aus Hartplastik, die wohl eine Reise zum Mond ohne Schaden überstehen würden, umkleiden kleinste Artikel wie Speicherchips, Ladekabel und Batterien. In die Umwelt gebracht, bleiben diese Kunststoffbehälter den zukünftigen Generationen über Jahrhunderte erhalten.

Natürliche Hüllen stellen immer auch Grenzen dar. Die Entwicklung des Lebens und die biologischen Abläufe benötigen geschlossene Kammern, um von äußeren Störungen geschützte Stoffwechselprozesse zu ermöglichen. Diese Räume sind von den Zellorganellen über einzelne Zellen, Gewebe, Organe bis hin zum gesamten Menschen angelegt.

Unsere Haut richtet sich mit 1,7 Quadratmetern Außenseite zur Außenwelt. Die Oberflächen des Darmes und der Atemwege sind mit zweiunddreißig bzw. vierzig Quadratmetern noch wesentlich größer. Die Unversehrtheit dieser Hüllen ist essentiell für unsere Existenz. Die physischen Barrieren und deren Schutz, für den die mikrobielle Hautflora und die Wundheilung entscheidend sind, müssen unablässig aufrechterhalten werden.

Biologische Grenzen sind nie hermetisch geschlossen, werden jedoch rund um die Uhr überwacht. Ob Einzelzelle oder Organ: Hinein- und herausgelassen wird nur, was für deren Funktion dienlich ist. Ein intelligentes „Grenzregime" ist notwendig, um die komplexen Prozesse des Lebendigen zu steuern.

Einige Viren, Bakterien und einzellige Parasiten haben Wege entwickelt, diese Grenzen zu umgehen. Entweder dringen sie als Ganzes oder in Form ihrer Erbinformation in die Zellen ein. Andere lassen sich durch *Endozytose* als harmlos erscheinende Partikel von der Zelle aktiv aufnehmen. In beiden Fällen kann das zu einer Erkrankung führen.

Die Auflösung (*Lyse*) der Zellmembran als Grenze zur Außenwelt bedeutet den Tod der Zelle. Wenn ein *Phage* ein Bakterium befällt und sich in ihm vermehrt, lysiert es das Bakterium, um hunderte von neuen *Phagen* freizusetzen. Das gleiche Schicksal ereilt unsere Körperzellen, wenn Viren, Bakterien oder Parasiten sie befallen.

Die Abgrenzung gegen eine, nicht immer friedliche, Außenwelt dient dem Schutz eines jeden Lebewesens, vom Bakterium bis hin zum Menschen. Der Zweck dieser Einfriedung reicht weit über die Lebensspanne des einzelnen Organismus hinaus. Denn die *DNA* als Schriftcode, der sämtliche Informationen zu unserem physischen Aufbau und allen Körperfunktionen enthält, bedarf als Blaupause des Lebens eines noch größeren Schutzes als jedes einzelne Lebewesen. Sie muss über Jahrmillionen und unzählige Generationen zum Erhalt jeder *Spezies* unversehrt weitergegeben werden.

Paradoxerweise sind *DNA*-Moleküle äußerst empfindlich. Die UV-Strahlung des Sonnenlichts zerstört ungeschützte *DNA* binnen Minuten. Die Erfordernisse an eine sichere Verpackung liegen daher auch im Schutz des Erbmaterials gegen widrige Umwelteinflüsse. Die dafür erforderlichen Strukturen findet man schon bei Bakterien und selbst bei Viren.

Die robuste Hülle der Bakterien besteht aus einer biologischen Doppelmembran, die aus den Grundbausteinen der Lebewesen (*Proteinen*, *Lipiden* und *Polysacchariden*) zusammengesetzt ist. Zur Verstärkung dieser Hülle bilden einige Mikroben schwerdurchlässige Schleimkapseln, die selbst durch Kochen nicht zerstört werden. Für den Extremfall formen manche Mikroorganismen Sporen. Diese sind so robust, dass sie extremste Belastungen bis hin zu Weltraumbedingungen überstehen [31].

Ohne einen geeigneten Schutz der Erbinformation vor den zerstörerischen Kräften aus der Umwelt hätte das Leben keinen Bestand. Es ist ein Wunder, wie die Natur unsere Gene in einem seit Jahrmillionen andauernden „Staffellauf" unversehrt an die endlose Kette der Nachkommen weitergegeben hat und es weiterhin tut. Dies bedeutet jedoch nicht, dass die Natur perfekt ist. Wenn sie es wäre, bedürfte es keiner Evolution, und das würde jede Weiterentwicklung ausschließen. Das Leben wäre dann auch ziemlich langweilig!

Doch ganz im Gegenteil existiert die Natur nur in einem ständigen Entwicklungsprozess. Dieser schließt Veränderungen und damit auch Fehler ausdrücklich ein. Auch bei der Weitergabe des Erbguts an die Nachkommen gibt es Änderungen und damit manchmal „Fabrikationsfehler". Diese erstrecken sich von einzelnen Punkt*mutationen* bei denen nur ein *Nukleotid* betroffen ist, bis hin zu schweren Chromosomenveränderungen.

Viele Erbgutänderungen sind „stumm" und wirken sich nicht erkennbar auf das Erscheinungsbild und die Fähigkeiten (*Phänotyp*) der Lebewesen aus. Eine gewisse Fehlertoleranz bei der Vervielfältigung der *DNA* trägt zur genetischen Vielfalt bei und hat unter Umständen auch positive Auswirkungen. Schwerwiegende genetische Veränderungen können oft von dem geschädigten Organismus nicht an die Nachkommen weitergegeben werden.

Wenn die Lebensumstände es erfordern, kann die Natur sehr rigoros sein, was das Verschwinden ganzer Arten im Verlauf der Evolution betrifft. Das Aussterben vieler Tier- und Pflanzenarten, ohne dass der Mensch darauf Einfluss nahm, legt davon Zeugnis ab. Entwicklungslinien, die nicht mehr zur Evolution des Planeten Erde passen, können in kurzer Zeit verschwinden, sodass wir nur noch über Fossilienfunde von ihrer ursprünglichen Existenz erfahren.

In den letzten Jahrzehnten hat durch den Einfluss des Menschen das Artensterben um den Faktor hundert bis tausend zugenommen. Dies steht nicht im Einklang mit der natürlichen Evolution. Die großflächige Zerstörung von Lebensräumen mit der Folge einer beschleunigten Ausrottung von Pflanzen und Tierarten führt zur Verarmung der ursprünglich vorhandenen Artenvielfalt. Ein Resultat ist die Schwächung des biologischen Potentials, welches für die Anpassung des Lebens an die sich ständig verändernden Umweltbedingungen erforderlich ist.

Wir Menschen geben uns Mühe, unser kulturelles Erbe zu schützen, um es den nachfolgenden Generationen zu bewahren. Leider gelingt das nicht so oft und unzählbare Kulturgüter wurden mutwillig oder aus Unachtsamkeit zerstört. Mit unseren Schutzmaßnahmen sind wir Dilettanten im Vergleich zur Natur. Datenträger von der Tontafel bis hin zu modernen Speicherchips, sind dem „Zahn der Zeit" und damit dem Verfall ausgesetzt.

Nur das Leben bietet die Möglichkeit, die viel empfindlicheren Informationsträger *DNA* und *RNA* durch die fortwährende Erneuerung von Zelle zu Zelle, von Geburt zu Geburt über Jahrmillionen zu erhalten.

Wie die Natur es geschafft hat, die Vielzahl der vorkommenden Arten von Bakterien, Pilze, Pflanzen und Tiere über Jahrmillionen sorgsam zu schützen, sollte uns für die Bewahrung des Menschheitserbes eine Mahnung sein. Die kulturellen und sozialen Errungenschaften und die Vielfalt der Menschen mit ihren Eigenheiten sind nur durch aktive Schutzmaßnahmen gegen zerstörerische Einflüsse zu erhalten.

Unschätzbare Werte sind bei Bränden, durch Wasserfluten, Mottenfraß, Schimmel wie auch durch Fanatismus, Vandalismus und Krieg vernichtet worden. Man mag geteilter Meinung sein, ob es für die Entwicklung der Menschheit besser ist, wenn ganze Kulturgüter, Sprachen und Völker verschwinden. Nach der Devise der gewaltsamen Revolutionen wächst nur auf einem „umgepflügten Acker" etwas Neues. Einer Sache sollten wir uns jedoch bewusst sein: Was einmal vom Erdboden verschwunden ist, wird man nie wieder zurückholen können.

31. Alien? Der ist viel kleiner, als wir denken!

In der Science-Fiction-Literatur gibt es fantasievolle Vorstellungen über die Vielfalt des Lebens im Weltraum und die Besiedlung unbekannter Planeten. Da geht es um interstellare Exkursionen in Raumschiffen, die Hunderte von Jahren im All unterwegs sind, um an Bord befindliche, kältekonservierte Menschen nach Ankunft auf dem Zielplaneten wieder zum Leben zu erwecken. Oder um das Reisen mit Überlichtgeschwindigkeit, durch Teleportation à la „Beam me up, Scotty", Sprünge durch Wurmlöcher in andere Galaxien und Universen und andere fantastische Ideen. Allen ist gemeinsam, dass es Gedankenspiele sind, die in absehbarer Zeit nicht oder nie verwirklicht werden.

Ungeachtet unserer Begrenztheit auf die Erde sind manche Wissenschaftler der Meinung, dass unsere Welt nicht der einzige Planet im All ist, auf dem es Leben gibt. Sollte die Entstehung des Lebens auf allgemein gültigen Naturgesetzen beruhen, dann müsste sich dieser Vorgang im Universum bereits viele Male ereignet haben. Mittlerweile sind Tausende von Exoplaneten außerhalb unseres Sonnensystems entdeckt worden.

Berechnungen zufolge enthält die Milchstraße zehn Milliarden bewohnbare Planeten. Allerdings sind diese zu weit entfernt von uns, als dass wir demnächst einen Besuch dort einplanen könnten. Doch Proben vom Mars deuten darauf hin, dass es dort zumindest Wasser gibt. Wasser, als erste Voraussetzung für Leben, so wie wir es kennen, überhaupt.

Niemand weiß, wie das Leben ursprünglich auf unsere Erde gekommen ist. Es gibt Theorien und Modelle, die beweisen sollen, dass sich Leben in der Urzeit der Erde aus organischen Vorstufen entwickelt hat.

Die vorliegenden wissenschaftlichen Erkenntnisse geben jedoch keinen Hinweis für die Entstehung des Lebens aus einer zufälligen, ungerichteten chemischen Evolution.

Für die Annahme einer zielgerichteten chemischen Evolution fehlen uns ebenfalls die Kenntnisse über die Naturgesetze, die das bedingen würden.

Zumindest scheint eine Sache klar zu sein: Die vielen Übereinstimmungen im biochemischen Aufbau aller auf der Erde vorkommenden Organismen deuten auf einen gemeinsamen Ursprung des Lebens hin. Ein wiederholtes Entstehen von Leben durch unterschiedliche Parallelentwicklungen erscheint damit unwahrscheinlicher.

Vielleicht ist das Leben aber nicht auf der Erde entstanden, sondern über den Weltraum zu uns gelangt! Das klingt spektakulär, doch es gibt Hinweise, nach denen einige der auf der Erde existierenden Lebensformen eine interplanetare oder sogar eine interstellare Reise überstehen können. Hat sich das Leben also auf der Erde entwickelt oder ist es von einem anderen Ort über den Weltraum zu uns gekommen? Beides ist möglich und es gibt keine eindeutigen Beweise, welche die eine oder andere Theorie stützen.

Die interplanetare und interstellare Reise, die den Menschen bislang verwehrt ist, kann für Mikroorganismen durchaus Realität sein. In der Stratosphäre, achtunddreißig Kilometer über der Erde, mit lebensfeindlichen Temperaturen von $-70°C$, extremer Trockenheit und hoher UV-Strahlung, wurden lebende Bakterien verschiedener *Spezies* nachgewiesen. Luftströmungen in dieser Höhe ermöglichen die Verbreitung von Mikroorganismen über Kontinente. Dies erklärt möglicherweise auch die Ausbreitung und die Ähnlichkeit solcher Organismen über die entlegensten Gebiete der Erde.

Wissenschaftliche Untersuchungen unterstützen die These, dass manche Bakterien so widerstandsfähig sind, um Weltraumbedingungen zu überstehen. Sie könnten damit als „blinde Passagiere" auf einem Asteroiden mitreisen, dessen Einschlag auf der

Erde überleben, um sich auf unserer Welt zu vermehren. Sporen von Bakterien und Pilzen besitzen eine Widerstandsfähigkeit, die sie für die Reise durch das All, im absoluten Vakuum, bei tiefsten Temperaturen und der harten kosmischen Strahlung, tauglich macht.

Materie von anderen Planeten unseres Sonnensystems gelangt nachweislich auf die Erde und umgekehrt. Von den über fünfzigtausend Meteoriten, die auf der Erde gefunden wurden, stammen mehr als einhundert vom Planeten Mars. Auf einem dieser Mars-Meteoriten wurden organische Kohlenstoffverbindungen gefunden, die auf Leben hinweisen.

Auf diesen und vielen anderen Beobachtungen fußt die Idee der *Panspermie*, der Ausbreitung des Lebens im All. Eine These, die wissenschaftlich kontrovers diskutiert wird. Doch auch bei Akzeptanz der *Panspermie* bleibt als Faktum, dass das Leben irgendwo einmal entstanden sein muss!

Mit dem Besuch unserer Nachbarplaneten wird die Möglichkeit, unabsichtliche Mikroben dort auszubringen, konkreter. Dies kann durch Landeroboter und Instrumente, die dort abgesetzt werden, geschehen, wie zum Beispiel bei der Marsmission. Ebenso ist auch eine Kontamination unserer Erde durch Alienmikroorganismen möglich. Diese könnten über wiederverwendbare Raumfahrzeuge, die Astronauten und deren technisches Gerät eingeschleppt werden.

Zwar wurde die Existenz extraterrestrischer Bakterien noch nicht eindeutig nachgewiesen, jedoch deuten Spuren auf dem Mars darauf hin, dass diese existieren oder in der Vergangenheit existiert haben. Es wird bereits darüber spekuliert, potentiell bewohnbare Planeten durch gezieltes Ausbringen von Mikroorganismen mit Leben zu erfüllen.

Während wir Menschen also noch unter Einsatz großer Mittel darauf hinarbeiten, den Mars mit einer bemannten Landung in

Zukunft einmal zu „kolonisieren", sind Mikroorganismen dazu prinzipiell bereits seit Jahrmillionen imstande. Aliens könnte also viel kleiner sein, als es uns in Science-Fiction-Filmen gewöhnlich vorgespielt wird.

32. Henrietta Lacks und die Frage, was das Leben eigentlich ist!

Was sind die wesentlichen Merkmale, die das Leben ausmachen? Die Biologie nennt sieben Attribute, um belebte von toter Materie zu unterscheiden. Hierzu zählen Ernährung, Wachstum, Stoffwechsel, Bewegung, Ausscheidung, Vermehrung und Reaktion auf äußere Reize.

Eine weitere Gemeinsamkeit aller Lebewesen liegt in ihrem zellulären Aufbau, der abgeschlossene biologische Prozesse ermöglicht. Die sieben genannten Attribute müssen sämtlich auf einen Organismus zutreffen, um ihn als lebendig zu definieren.

Diese Definition gilt auch für bodenständige Pflanzen, die sich scheinbar nicht von der Stelle rühren. Doch auch sie sind in Bewegung, streben gegen die Schwerkraft nach dem Licht und strecken ihre Wurzeln tief in den harten Boden. Alle sieben Kriterien, die das Lebens definieren, treffen auf die einfachsten Mikroorganismen ebenso zu wie auf hoch entwickelte vielzellige Lebewesen einschließlich des Menschen.

Das Vorhandensein nur Einzelner dieser Merkmale reicht nicht aus, um Materie als belebt zu definieren. Ein Auto bewegt sich zwar, vermehrt sich jedoch nicht von selbst. Eben Verstorbene tragen noch Merkmale des Lebens, wie komplexe Zellen. Auch das Zellwachstum und der Stoffwechsel enden nicht sofort mit dem Tod. Im Verlauf des Sterbeprozesses werden diese jedoch allmählich eingestellt.

Dennoch gibt es in der Biologie Grenzbereiche, wo sich die Frage nach der Definition des Lebens zu einer Herausforderung entwickelt. Eine solche Grauzone stellen die Viren dar. Viruspartikel sind für sich allein nicht fähig zur Vermehrung. Sie brauchen dafür einen lebendigen Wirt, an den sie angepasst sind und der ihnen mit seinem Stoffwechsel hilft, sich zu reproduzieren.

Viren sind Minimalisten, reduziert auf ihre Erbsubstanz (*DNA* oder *RNA*), die in einer Hülle aus *Proteinen* zusammengehalten und so vor Umwelteinflüssen geschützt ist.

Nach ihrem Eintritt in die Wirtszelle können sich manche Viren in das Erbgut ihrer Wirte integrieren und diese damit genetisch verändern. Sie werden Bestandteil des Wirtsgenoms und bei jeder Teilung der Zelle weitervererbt. Andere Viren nutzen dagegen den Wirtszellstoffwechsel, um hunderte von neuen Virusreplikaten herzustellen. Nachdem die Wirtszelle damit zerstört ist, befallen die freigesetzten Viruspartikel weitere Zellen, womit der Kreislauf der Infektion sich fortsetzt.

Manche wissenschaftlichen Theorien besagen, dass Viren sich aus lebenden Organismen entwickelt haben. In Form einer abgespaltenen, nomadisierenden genetischen Information, die, um fortzubestehen, sich zu einer parasitären Zwischenform des Lebens entwickelt hat.

Andere Theorien besagen, dass Viren parallel mit den zellulären Organismen entstanden sind und mit diesen seit Beginn der Evolution interagieren. Was immer zutreffen mag, Viren sind als unbelebte organische Strukturen zeitweilig in der Lage, die Grenze zum Leben zu überschreiten, um eine abhängige Existenz in einem lebenden Wirt zu führen.

Trotzdem erfüllen Viren die sieben Kriterien des Lebens nicht, da sie keinen eigenen Stoffwechsel haben und für ihre Vermehrung auf die Wirtszellen angewiesen sind. Als Vehikel, die der Erhaltung und wirtsabhängigen Replikation ihrer spezifischen Erbinformation dienen, existieren Viren in einer Grenzzone zwischen der belebten und der unbelebten Welt.

Noch schwieriger wird es mit der Definition des Lebens, wenn man sich mit Zellkulturen befasst. Die im Labor kultivierten Zellen stammen aus Organen und Geweben, die Pflanzen, Tieren oder Menschen entnommen wurden. Mit Hilfe der Zellkultur-technik werden diese in dafür geeigneten Kulturschalen unter Zugabe von Nährstoffen bei 37°C zur Vermehrung gebracht.

Man unterscheidet zwischen Primärzellkulturen, die alle Merkmale der ursprünglichen Körperzellen tragen, und trans-formierten Zellen, welche diese teilweise verloren haben.

Primärzellkulturen führen nur noch ein paar Teilungen durch, bevor sie, trotz aller Bemühungen, schließlich eingehen. Es ist ein verzögerter Sterbeprozess, wie auch nach dem Tod Zellfunktio-nen für eine Zeitlang weiterbestehen. Transformierte Zellen ster-ben nicht ab, solange sie ernährt und ihre Stoffwechselprodukte abgeführt werden. Solche quasi unsterblichen (permanenten) Zellkulturen stammen aus Krebszellen oder werden nach der Entnahme aus dem Gewebe durch Behandlung mit *DNA*-schädigenden Substanzen oder durch Virusinfektionen zu Krebs-zellen umgewandelt. Mit regelmäßigem Verdünnen und der Neu-aussaat der Zellen in Kulturschalen kann man die permanenten Zellkulturen über lange Zeiträume vermehren.

Die erste menschliche permanente Zelllinie „HeLa" wurde 1951 aus einem aggressiven Gebärmutterhalskrebs der Amerika-nerin Henrietta Lacks (1920–1951) angelegt. Ihr behandelnder Arzt schickte davon Gewebeproben an einen Kollegen, der sich auf Zellkultivierung spezialisiert hatte. HeLa-Zellen erwiesen sich im Labor als äußerst robust und die aus ihnen angelegten Kultu-ren vermehrten sich rasant.

In den darauf folgenden Jahren wurden Abkömmlinge der HeLa-Zellen in Laboratorien auf der ganzen Welt angelegt und in flüssigem Stickstoff bei −196°C konserviert. Bereits zwei Jahre nach Henriettas Tod dienten ihre Zellen bei der Herstellung des ersten Impfstoffes gegen Polio. Mit Hilfe der HeLa-Zellen klärte man die Rolle von *Papillomaviren* bei der Entstehung von Gebärmutterhalskrebs und untersuchte Alterungsprozesse bei der Zellteilung. Bis heute dienen Henriettas Zellen weltweit als „schmerzlose Materie" zum Ersatz von Tierversuchen und für biologische und pharmazeutische Toxizitätstests. Nach Schätzungen betrug die Menge aller auf der Welt von 1951 bis 2010 kultivierten HeLa-Zellen um die fünfzig Millionen Tonnen.

HeLa-Zellen wie auch die anderen, in späteren Jahren entwickelten permanenten Zelllinien beinhalten alle Eigenschaften, die das Leben definieren. Sie vermehren sich, atmen, wachsen und bewegen sich. Sie scheiden Stoffe aus und reagieren auf äußere Reize. Nach der biologischen Definition des Lebens stellt sich die Frage, ob die 1951 verstorbene Henrietta Lacks in Gestalt der HeLa-Zellen noch lebt, wenn auch nur in einer von ihrer Person abgespaltenen, reduzierten Form.

Zumindest ist ein Teil der ursprünglichen Lebensenergie der vor mehr als siebzig Jahren verstorbenen Henrietta Lacks in den HeLa-Zellen geblieben. Dies wird solange der Fall sein, wie diese Zellen auf der Welt existieren. Niemandem ist es bisher gelungen, diese Lebensenergie, die wir in ihrer ursprünglichsten Form in diesen Zellen finden, mit technischen Mitteln herzustellen. Auch hat man bisher die Gesetzmäßigkeiten des Lebens in ihrer Gesamtheit weder erfasst noch verstanden. Selbst Bakterien, als kleinste Lebewesen, bergen dieses Geheimnis, welches wir Menschen bisher nicht entschlüsseln konnten.

Da wir bis heute nicht wissen, was diese Lebensenergie eigentlich ausmacht, sollten wir davor Ehrfurcht und Respekt bewahren. Das Phänomen des Lebens ist gleichermaßen eine geistigphilosophische und eine wissenschaftliche Herausforderung für uns und die zukünftigen Generationen der Menschen.

33. Eine Idee sucht nach Verwirklichung

Alle Materie entsteht und besteht nur durch eine Kraft, welche die Atomteilchen in Schwingung bringt und sie zum winzigsten Sonnensystem des Alls zusammenhält. Da es im ganzen Weltall aber weder eine intelligente Kraft noch eine ewige Kraft gibt - es ist der Menschheit nicht gelungen, das heißersehnte Perpetuum mobile zu erfinden - so müssen wir hinter dieser Kraft einen **bewussten intelligenten Geist** annehmen. (Max Planck, 1858-1947, Physiker und Nobelpreisträger).

Eine Vorstellung, welche die Materie als alleinige Ursache des gesamten Evolutionsprozesses sieht, negiert jeden geistigen Ursprung des Kosmos und unserer Welt. Das Prinzip einer „Idee", die vor ihrer Verwirklichung hinter allen Dingen und Entwicklungen steckt, ersetzt der Materialismus durch den „Zufall" als alleinigen Ursprung und Motor der Evolution. Jedoch gibt es bis heute keinen Beweis weder für eine zufällige noch für eine zielgerichtete (bio)chemische Evolution aus der Materie heraus [31].

Mit dem „Zufall" als Vater aller Dinge erklärt sich die materialistische Weltanschauung zur Herrin der Welt. Das ermöglicht ihren Anhängern, sich der moralischen Verantwortung gegenüber den Menschen und der Natur zu entziehen. Denn für den Materialisten ist der menschliche Geist mit seinen Gedanken, Gefühlen und seinem Willen ausschließlich ein Produkt des Gehirns, eines rein stofflichen und daher sterblichen Gegenstandes.

Wissenschaftliche Studien an klinisch toten, nach Herzstillstand und tiefer Bewusstlosigkeit wiederbelebten Patienten haben jedoch gezeigt, dass sowohl Sinneswahrnehmungen wie Sehen und Hören als auch das Bewusstsein vom Selbst auch ohne Gehirntätigkeit ablaufen können. Die Beschreibungen solcher

Nahtoderfahrungen ähneln sich bei Menschen, unabhängig davon, aus welchen Kulturen und Religionen sie stammen. Nicht zuletzt auf diesen Berichten fußt die über den reinen Glauben hinausgehende Vorstellung eines übergeordneten, körperlosen Bewusstseins des Menschen.

Wer das Denken, Fühlen und Wollen einschließlich des Bewusstseins ausschließlich auf die materielle Ebene des Gehirns reduziert, braucht zumindest theoretisch keine Skrupel zu haben, was immer er tut. Auch die Stimme des Gewissens ist überflüssig, denn Materie ist ersetzbar und für sich gesehen von geringem Wert. Aus diesem Grund ist der Materialismus die bevorzugte Weltanschauung von totalitären Systemen, unabhängig davon, welchen politischen Anstrich sich diese geben.

Die Akzeptanz eines geistigen Ursprungs der Welt setzt ein übergeordnetes Bewusstsein als deren Schöpfer voraus. Dabei spielt es keine Rolle, ob man dem eine religiöse Bedeutung zukommen lässt oder nicht. Wenn ein Mensch das akzeptiert und sich als Teil eines geistigen Plans begreift, verlangt das nach ethischen Prinzipien, die sein Handeln idealerweise leiten sollten.

Die Annahme eines spirituellen Ursprungs der Welt steht nicht im Widerspruch zu dem von Charles Darwin (1809–1882) begründeten Evolutionsmodell durch Vererbung, *Mutation* und natürlicher *Selektion*. Vorausgesetzt, man belässt es auf der rein materiellen Ebene.

Das starre Modell des Darwinismus erklärt jedoch nicht alle auftretenden Veränderungen in der Entwicklung der Lebewesen. Der französische Naturwissenschaftler Jean-Baptiste de Lamarck (1744–1829) brachte die Idee der Vererbung erworbener Eigenschaften in die Wissenschaft, die später als „Lamarckismus" überwiegend abgelehnt wurde. Neuere Untersuchungen der *Epigenetik* zeigen jedoch, dass Umwelteinflüsse die Expression von Genen beeinflussen, ohne die Sequenz der *DNA* dauerhaft zu verändern, wie es bei einer *Mutation* der Fall ist. Die durch Umwelteinflüsse regulierten Ausprägungen der Gene erzeugen unterschiedliche *Phänotypen*, die auch auf die Nachkommen vererbt werden können.

Die bestehenden Evolutionsmodelle liefern ebenso wenig wie der „Zufall" eine Erklärung für den Impuls, der hinter dem Ursprung der unbelebten und belebten Welt steht. Doch selbst unser kreatives Handeln als Mensch setzt eine Idee voraus, nach welcher die Materie von uns gestaltet wird. Ein materieller Gegenstand ist nur ein verkörperter Ausdruck von geistigem Wirken. Er ist vergleichbar mit dem Werk eines Künstlers, das zuerst als körperlose Vorstellung entstanden ist, bevor es Gestalt angenommen hat.

Der Materialismus als Weltanschauung hat in den heutigen Gesellschaften seinen festen Platz. Er ist das beherrschende Dogma in der Wirtschaft und in dem von ihr abhängigen Wissenschaftsbetrieb. Für die Lebenswissenschaften Biologie und Medizin hat das einschneidende Folgen. Eine materialistisch orientierte Medizin mündet in der Kommerzialisierung des Gesundheitssystems mit der Behandlung der Menschen vornehmlich nach wirtschaftlichen Gesichtspunkten. In den Biowissenschaften führt diese Denkweise zum Gebrauch der Natur unter dem Aspekt ihrer ökonomischen Verwertbarkeit. Rücksicht auf die Folgen für die Erde und ihrer Bewohner nimmt man dabei nur gezwungenermaßen.

Der Materialismus erlaubt, alles Machbare anzuwenden, wenn es dem gewünschten Zweck dient. Technischer Fortschritt für sich gesehen ist positiv und die Menschen profitieren davon. Doch je weiter die technische Entwicklung fortschreitet, je drastischer können deren Auswirkungen auf unseren Planeten sein. Diese Gefahr besteht vor allem, wenn technische Innovationen unter rein materialistischen Gesichtspunkten angewendet werden.

Um die Akzeptanz der Menschen für technische „Experimente" ohne vorherige Folgenabschätzung zu gewinnen, bedient man sich der üblichen Phrasen vom Fortschritt in der Medizin hin zu besseren Heilerfolgen. Von der Bewahrung der Menschenwürde über die Ausrottung von (Erb)krankheiten bis zum Kampf gegen Alzheimer. Wer will gegen die Forschung im „Dienste des Menschen" Einspruch erheben? Selbst wenn gut gemeinte Absichten dahinterstehen, ist der Schritt zur Eugenik, hin zum Designerbaby nicht mehr groß. Ein jüngstes Beispiel dafür ist die „Herstellung" von gentechnisch erzeugter *HIV*-Resistenz bei Embryonen, die zudem vererbbar ist [9].

Die Vergangenheit bietet genug Beispiele von global wirksamen Eingriffen in die Natur ohne Abschätzung der Folgen. *Pestizide* und *Herbizide* wurden bei ihrer Einführung in den 1960er Jahren als „Grüne Revolution" im Kampf gegen den Welthunger angepriesen. Die Kehrseite der Medaille ist eine zunehmende Umweltbelastung und das Gesundheitsrisiko durch die Anwendung dieser Substanzen. Ein weiterer Aspekt ist die ökonomische Verwertbarkeit. Der Einsatz gentechnisch veränderter, herbizidresistenter und pestizidproduzierender Pflanzen zwingt die Landwirte in eine dauerhafte Abhängigkeit von der das entsprechende Saatgut liefernden Agroindustrie.

Bauern, die nicht auf diese Weise wirtschaften möchten, haben dabei das Nachsehen. Wie soll man natürliche Sorten anbauen und ohne Chemieeinsatz produzieren, wenn die umliegenden Felder mit „Pflanzenschutzmitteln" getränkt sind? Erlaubt ist, was sich gut verkauft. So lautet die Maxime der weltweit vorherrschenden Wirtschaftssysteme, welche auf der maximalen Ausbeutung aller Rohstoffe, einschließlich der Ressource „Mensch", aufbauen.

Mit dem Einzug der materialistischen Weltanschauung in die

Wirtschaft und damit auch zwangsläufig in die Politik wandeln sich demokratisch legitimierte Systeme in solche, in denen prinzipiell alles gestattet ist, was nützlich erscheint und technisch machbar ist. Die Herren dieser Welt sind jene, die das Geld und die Macht besitzen, um ihre Pläne zu verwirklichen. Demokratisch gewählte Regierungen mögen zwar existieren, stellen jedoch kein echtes Gegengewicht zu den wirklichen Zentren der Macht dar. Dies zeigt sich heute schon deutlich und wird uns als „alternativlose" Folge der Globalisierung hingestellt.

Die Entwicklung einer modernen Industriegesellschaft hat den Menschen unbestritten viele Vorteile gebracht. Sie ist daher als solche nicht abzulehnen. Sie bedingt jedoch auch eine zunehmende Entfremdung der Menschen von der Natur und von sich selbst. Damit gerät man jedoch in eine tiefere Abhängigkeit von den äußeren materiellen Bedingungen, die unser Leben beeinflussen. Die Aufgabe jedes Einzelnen ist es jedoch, den geistigen Bezug zu seinem Ursprung und seiner Bestimmung nicht zu verlieren, wenn er als Mensch in Freiheit existieren und nicht in einem reinen Dasein als Konsument und Funktionsträger versinken will.

In einer Welt, in der alles, wenn nicht heute, dann morgen, technisch lösbar ist, erscheint die Idee eines geistigen Ursprungs des Universums antiquiert. Diese Vorstellung negiert nicht die Evolution, wie es dogmatische Kreationisten tun. Ebenso ist die Annahme eines unendlichen Bewusstseins nicht an eine bestimmte Religion gebunden, sondern allen Menschen gleichermaßen zugänglich.

Jeder weiß, dass allen Dingen, welche die Menschen jemals hervorgebracht haben, zumindest eine Vorstellung, ein Plan, eine Blaupause zugrunde liegt. Aus einer Ansammlung von Einzelteilen wird kein Auto, wenn wir auf den Zufall warten, der diese Teile irgendwann richtig zusammensetzt. Warum sollte das in der

Evolution des Universums anders sein? Ein planender Geist, der eine Idee in materielle Bausteine umsetzt, wird erfolgreicher sein als der Zufall, der die Bausteine so lange blind durcheinander würfelt, bis daraus vielleicht etwas Brauchbares entsteht.

Sollte man nicht viel eher annehmen, dass auch allem Lebendigen, wie überhaupt allen materiellen Erscheinungen, ein geistiger Ursprung zugrunde liegt? Und ist der Mensch mit seinem schöpferischen Geist nicht ein Multiplikator dieser geistigen Existenz, die man mit Gott und vielen anderen Namen belegt hat?

34. Universum am Tropf, oder wenn Fische denken könnten

In ein Aquarium zu schauen, beruhigt, sagt man. Wahrscheinlich können sich deswegen viele dem Reiz nicht entziehen, die umher schwimmenden Fische mit dem Blick zu verfolgen. Manche Leute können ja eine kleine Ewigkeit vor dem Becken hocken und sich mit den Fischen hinter der Glasscheibe ins Uferlose ihrer Gedanken treiben lassen.

Auf mich wirkt der Anblick eines Aquariums eher beunruhigend. Eine Wurzel dafür liegt in einem Kindheitserlebnis. Nach dem Ausfall der Heizspirale musste ich mein Aquarium regelmäßig mit einem kleinen Tauchsieder anwärmen. Irgendwann hatte ich den im Wasser vergessen. Als ich schließlich daran dachte, war es zu spät. Die Fische trieben alle auf der Seite an der Wasseroberfläche und das ganze Becken strahlte eine unangenehme Hitze aus. Der Ausruf meines Bruders: „Lothar hat seine Fische gekocht", klingt mir bis heute noch im Ohr. Ihr aller Ende war vergleichbar mit dem Hitzetod, der an heißen Sommertagen manche Menschen dahingerafft hat.

Ein Aquarium ist eine eigene, einzigartige Welt. Für uns Menschen nur ein kleiner Biotop unter unzähligen, somit ersetzbar, doch für seine Bewohner ist es das Universum. Nach außen durch Glaswände begrenzt, die für die Fische eine ebenso unüberwindliche Schranke darstellen wie für uns das Himmelszelt. Unter dem Sand oder dem Kies endet die Reise selbst für einen Grundwels am festen Glasboden. Nach oben hin bildet die Luft eine natürliche Grenze. So wie für jeden Fisch, der naturgemäß auf das Wasser angewiesen ist. Damit ist ein Aquarium eine Welt, die am Tropf hängt, vollkommen abhängig vom Menschen für seine Existenz.

Nur die Fische wissen nichts davon!

Auch wenn sie ihre Köpfe aus dem Wasser herausstrecken, die

wahre Natur ihrer Sonne, eine profane Leuchtstoffröhre, bleibt ihnen trotzdem verschlossen. Und wehe dem neugierigen Guppy, der den Sprung aus dem Wasser wagt und auf dem Boden neben dem Becken elend vertrocknet. Seinen Tod stirbt er einsam auf einem Teppich. Zappelnd, ohne zu begreifen, wo er gelandet ist, nachdem er sich aus seinem Universum herauskatapultiert hat. Sollte er rechtzeitig von einem Menschen gefunden und ins Aquarium zurückgesetzt werden, könnte ihm das wie das allerhöchste Mysterium vorkommen und der Ursprung einer Fischreligion sein.

Wenn Fische denken könnten!

So ist es um das Miniuniversum Aquarium bestellt. Da sind die Fische, die Pflanzen, die Schnecken, der Kies am Boden, das Wasser und das künstliche Licht. Für die Fische unerreichbar wie für uns die Sonne. Da ist das längliche grüne Ding, das auf geheimnisvolle Weise das Wasser erwärmt. Elektrizität kennen die Fische nicht, und sollte es zu einem Kurzschluss kommen, bliebe ihnen auch keine Zeit mehr, darüber nachzudenken.

Und dann das Futter, das regelmäßig wie Manna vom Himmel aufs Wasser regnet. Ein Mysterium! Die Menschen werden allenfalls als konturlose Schatten wahrgenommen, deren wahre Natur den Fischen verborgen bleibt. Es ist eine abgeschlossene Welt, die für sie auf undurchschaubare Weise am Leben erhalten wird. Das müsste den Fischen ja eigentlich wie ein Wunder vorkommen.

Vorausgesetzt, sie würden sich darüber den Kopf zerbrechen!

Bei der Vorstellung könnten wir Menschen lächeln, uns überlegen fühlen. Wenn die Fische nur wüssten, wie heikel es um ihre Welt bestellt ist. Wie abhängig, wie verletzlich diese doch ist. Es reicht schon ein Stromausfall, ein Sprung im Glasgehäuse oder eine Unaufmerksamkeit des Aquarianers, um das Ende dieser kleinen Welt einzuläuten. Natürlich denken die Fische nicht über so etwas nach. Sonst könnten sie nachts sicherlich nicht ruhig schlafen, was sie aber durchaus tun.

Vielleicht würden sie sogar an ihrer Existenz verzweifeln, so wie wir Menschen es täten.

Wahrscheinlich tun sie es nicht, sonst würden sie nicht jeden neuen Tag so ruhig ihre Kreise im Wasser ziehen, ja sich sogar vermehren, wenn die Bedingungen dafür günstig sind. So genau wissen wir ja nicht, was in den Fischköpfen vorgeht.

Doch in unseren Köpfen wird viel nachgedacht, oft so viel, dass es Meditationsübungen gibt, um mit dem ständigen Nachdenken aufzuhören und den Geist zu beruhigen. Das meiste davon sind Alltagsgrübeleien, die auch ein Fisch haben könnte, wenn er sich darüber erstaunt, warum heute noch kein Futter vom Himmel gefallen ist. Welche Schlüsse er auch immer daraus ziehen mag, es werden die Falschen sein, so ähnlich wie bei uns Menschen auch.

Wir denken viel nach; über unsere Welt und das Weltall um uns herum. Philosophen, Religionsgelehrte und Wissenschaftler beschäftigen sich mit diesen Dingen. Wir diskutieren über Paralleluniversen, schwarze Löcher, Raumkrümmung, das Zeitparadoxon, das kosmische Bewusstsein und Gott und die Welt. Aber es hat uns, was den Erhalt unseres einzigen Lebensraums betrifft, nicht wirklich weitergebracht.

Vielleicht sollten wir uns die Welt wie das Aquarium vorstellen, das wir vielleicht gerade vor uns sehen. Klein, zerbrechlich und überaus kostbar, weil wir als deren Bewohner darauf angewiesen sind. Unsere jederzeit mit den Sinnen fühlbare und erlebbare Welt, die wir Menschen brauchen – wie ein Fisch das Wasser –, ist genauso begrenzt wie ein Aquarium. Doch scheint uns das ebenso wenig wie den Fischen wirklich bewusst zu sein.

Sind wir also wirklich schlauer als die Fische in dem Aquarium?

Ich fürchte nein, denn sonst würden wir nicht so rücksichtslos mit unserer Welt umgehen. Sie nicht so belasten, dass sie für uns bald so unbewohnbar wird wie die größer werdenden Wüstengebiete. Wir kennen die Belastbarkeit der Erde nicht. Sicherlich übersteigt sie jedoch unsere eigene Kraft um ein Vielfaches und wir müssen aufpassen, dass es uns nicht so ergeht wie den Fischen, bei denen der Tauchsieder einen Tick zu lange im Wasser verblieben war.

35. Biosophie, ein Weg zum (Über)leben im Einklang mit der Natur

Der Begriff „Biosophie" stammt von dem Schweizer Arzt und Philosophen Ignaz Paul Vital(is) Troxler, der ihn in seiner Abhandlung „Elemente der Biosophie" (Basel, 1806) zum ersten Mal erwähnt hat. Das Wort setzt sich zusammen aus dem griechischen *bios* (Leben) und *sophia* (Weisheit). Lebensweisheit bedeutet ein bewusstes Leben im Einklang mit der Natur und ihren Gesetzen, ohne Verlust an Individualität, die ja gerade Voraussetzung für diese bewusste Entscheidung ist. Oder wie es Troxler schrieb: „Bewusstsein und Dasein mit dem Leben zu reimen" (Elemente der Biosophie, Einleitung XXI).

Warum ist es so schwierig, den Regeln der Biosophie zu folgen, wenn es doch nur darum geht, die Naturgesetze zu respektieren? Kaum jemand wird so leichtfertig sein, von einem hohen Turm auf die Erde zu springen, da er das physikalische Gesetz der Schwerkraft kennt und sich dessen Folgen an seinem eigenen Leib bewusst ist. Die Menschen respektieren die Gesetze der Physik, weil ein Verstoß dagegen direkte Folgen für den Verursacher hat. Nach dem Prinzip: Springe ich vom Turm, breche ich mir den Hals! Fasse ich ins Feuer, verbrenne ich mich!

Ganz anders sieht es mit den biologischen Gesetzen aus. Selbst wenn wir diese kennen, respektieren wir sie selten oder garnicht. Vermutlich, weil ein Verstoß gegen diese Gesetze keine unmittelbaren Folgen für uns nach sich zieht. Biosysteme sind, im Gegensatz zu physikalischen, wesentlich fehlerfreundlicher.

Die negativen Folgen spüren wir oft erst beim gewohnheitsmäßigen Verletzen der biologischen Naturgesetze. Es braucht Zeit, bis sich diese als Störungen bemerkbar machen und ebenso lange, bis alles wieder ins Gleichgewicht kommt, nachdem wir unsere Handlungen dementsprechend korrigiert haben.

Ein simples Beispiel dafür ist übermäßiges Essen und Trinken.

Die daraus resultierenden Schädigungen bemerken wir erst nach Wochen oder Monaten. Vorher haben wir uns schon lange an die ungesunde Lebensweise gewöhnt, weil unmittelbar negative Folgen ausbleiben. So muten wir uns jeden Tag etwas zu, von dem wir eigentlich wissen, dass es für uns schädlich ist.

Wie oft verbrennen wir uns dagegen am offenen Feuer? Äußerst selten, und wenn, dann meist aus Unachtsamkeit.

In unseren schlechten Gewohnheiten benehmen wir uns oft, als hätten wir das Gedächtnis einer Eintagsfliege. Aus diesem Grund leben viele Menschen täglich gegen die Gesetze der Biologie und führen damit einen Krieg gegen sich selbst und die Natur. Eingespannt in ein materialistisches Wirtschaftssystem, das von den Grundbedürfnissen der Menschen profitiert, frönen wir einer Lebensweise, die zu oft nur der kurzfristigen Sinnesbefriedigung dient.

Eine rein materialistische Sicht auf die Welt fördert dieses Verhalten. Denn sie negiert die natürlichen Wurzeln des Zusammenlebens der Menschen. Stattdessen suchen wir den Sinn des Lebens in materiellen Möglichkeiten oder ideologischen Konzepten.

Letztendlich bestimmt unsere geistige Einstellung die Gestaltung unseres Lebens und damit unseres Schicksals in der Welt. Doch es kann nicht nur uns, sondern alle betreffen, wenn die biologischen Gesetze nicht respektiert werden. Besonders, wenn es durch Menschen geschieht, die durch ihre Machtpositionen einen größeren Einfluss auf das Weltgeschehen haben.

Selbst wenn wir uns durch bewusstes Verhalten schützen möchten, bleiben wir doch ein Teil dieser Welt und unterliegen damit den Konsequenzen, die aus der Summe des Verhaltens aller resultieren.

Durch den bewussten Blick auf die belebte Natur ändert sich

unser Weltbild. In der Betrachtung der einfachsten Lebensformen können wir die biologischen Naturgesetze erkennen. Ist alles, was wir leichterdings für typisch menschlich halten, nur typisch für uns? Was macht die eigentliche Besonderheit des Menschen aus? Warum versuchen manche Zeitgenossen, Strategien, die für kollektiv lebende Organismen vorteilhaft sind, auf unser Zusammenleben zu übertragen? Übersehen wir im Alltag nicht oft das, wofür wir wirklich bestimmt sind?

Bei klarer Sicht erkennen wir, dass der Geist die Materie viel öfter beeinflusst als umgekehrt. Das Bewusstsein bestimmt das Sein in weit größerem Sinne, als materialistische Weltanschauungen es uns glauben machen wollen. Die Vielfalt der Lebensformen und die unterschiedlichen Beziehungen im Zusammenleben aller Organismen lassen ahnen, welche Möglichkeiten das Leben beinhaltet.

Eine Welt nach Maßgabe der Mikroben, der Pflanzen, der Pilze oder der Tiere würde ganz anderen Prinzipien folgen als unsere rein auf den Menschen bezogene Welt. Ob es uns gefällt oder nicht, wir Menschen haben als Gestalter der Welt Verantwortung für vieles, was hier geschieht.

Wenn wir den Sinn der biologischen Naturgesetze erkennen und sie respektieren, werden wir uns mit der Welt und mit unserem Selbst in Einklang bringen. Womit wir eine Grundvoraussetzung zum Glücklichsein erreicht haben.

DANKSAGUNG

Dieses Buch ist meiner Familie gewidmet. Ich möchte mich bei Elena Preller, Antje Scheiner und Hasso Spode für viele Anregungen und ihre Unterstützung ganz herzlich bedanken.

36. Erläuterung wichtiger Begriffe

A

Adenosintriphosphat (ATP): Energieträger für Stoffwechselprozesse in Organismen.

Adenoviren: Viren, die **DNA** als Erbsubstanz enthalten, Verursacher von unterschiedlichen Erkrankungen. Nicht vermehrungsfähige, gentechnisch veränderte Adenoviren werden als **Vektorviren** zu Impfzwecken eingesetzt.

ADE: siehe **Antikörper-abhängige Verstärkung**

Aerobactin (Siderophor): organische Verbindung des Darmbakteriums **Escherichia coli** zur Aufnahme von Eisen.

AIDS: A̲cquired I̲mmune D̲eficiency S̲yndrome. Schwere Immunschwäche, die durch Infektion mit **HIV** ausgelöst wird.

Aminosäuren: Bausteine für **Proteine**, die bei allen Lebewesen vorkommen.

Anaerobier: Organismen, die keinen Sauerstoff für ihren Stoffwechsel benötigen. Man unterscheidet fakultative Anaerobier, die mit und ohne Sauerstoff existieren können, und obligate Anaerobier, die durch Sauerstoff gehemmt werden.

Antigen: Struktur eines Organismus oder eines körperfremden Partikels, die eine spezifische Antwort des Immunsystems hervorruft. Siehe auch: **Antikörper.**

Antigenvariation: dynamische Veränderung der Oberflächenzusammensetzung eines Mikroorganismus oder Virus, die jeweils eine neue Immunantwort des Wirtes erfordert.

Antigendrift: durch Kopierfehler bei der Vermehrung von Viren auftretende **Mutationen**, die mit Änderungen ihrer **antigenen** Eigenschaften verbunden sind. Damit treten neuartige Virusvarianten auf, gegen die das menschliche Immunsystem möglicherweise noch keinen Schutz besitzt.

Antikörper: Immunglobuline (Proteine), welche spezifisch an **Antigene** binden und entscheidend an der Immunabwehr beteiligt sind.

Antikörper-abhängige-Verstärkung (ADE): Verstärkung der Ansteckungsfähigkeit und Erschwerung des Krankheitsverlaufes bei Virusinfektionen durch Vorhandensein von gegen das Virus gerichteten **Antikörpern** im Organismus.

Apoptose: durch den Organismus oder äußere Einflüsse gesteuerter „Selbstmord" einzelner Körperzellen aufgrund physiologischer Erfordernisse bzw. Störungen.

Archaeen: Urbakterien. Sie gehören mit den Bakterien zu den **Prokaryonten** und bilden eine der drei Domänen (**Bakterien, Archaeen, Eukaryonten**), in die alle bekannten Lebewesen eingeteilt sind.

Art: siehe **Spezies**.

Astroviren: Eine Gruppe von Viren, die Durchfall und Erbrechen bei Menschen hervorrufen.

Autoimmunreaktion: Reaktionen des Immunsystems gegen körpereigenes Gewebe und Zellstrukturen mit schädlichen Folgen für den Organismus.

Autotroph: Fähigkeit von Lebewesen, ihre Bestandteile ausschließlich aus anorganischen Vorstufen (CO_2, Wasser, Mineralien) unter Einsatz von Energie herzustellen (Autotrophie). Zu diesen gehören die Pflanzen und einige Bakterien. Gegenteil: **heterotroph**.

B

Bacteriozine: von Bakterien hergestellte Proteine, die für gleiche oder verwandte Bakterienarten tödlich sind.

Bacteroides: Eine artenreiche Gattung von Bakterien, die zur normalen Flora des Magen-Darmsystems gehören.

Bakteriophagen (Phagen): Viren, welche Bakterien infizieren und diese zu ihrer Vermehrung benutzen. Siehe auch **Lysogenisierung**.

Borrelia burgdorferi: zu den Spirochäten gehörendes, **obligat parasitisches** Bakterium. Verursacher der **Borreliose**.

Borreliose: durch **Borrelia burgdorferi** verursachte, chronisch verlaufende Infektionskrankheit, die durch Zeckenbisse auf den Menschen übertragen wird.

Botulinumtoxin: durch **Clostridium botulinum** hergestelltes Nervengift, das zu Lähmungen mit Todesfolge führt.

C

CCR5-Gen: Membranprotein an der Oberfläche von Immunzellen, welches den **AIDS**-Viren (**HIV**) die Infektion der Zellen ermöglicht.

Chaperone: Spezifische zelluläre Eiweiße, die **Proteine** in ihre vorgegebene Struktur falten und diese bei Stressbedingungen (Hitze, Säure, Chemikalien) vor Zerstörung schützen.

Chemostat: in sich abgeschlossene Kultur von Mikroorganismen, die kontrolliert durch Zugabe von Nährstoffen und Ableitung von Stoffwechselprodukten und überzähligen Organismen auf einem gleichen Niveau gehalten wird.

Chloroplasten: Organellen von Algen und Pflanzen, die zur **Photosynthese** befähigt sind.

Chromosomen: im Zellkern vorhandene Erbsubstanz (**DNA**), die in unterschiedlicher Anzahl und Struktur bei **Eukaryonten** vorliegt. Bei **Prokaryonten** liegt zumeist eine ringförmige **DNA**-Struktur vor, die sämtliche genetischen Informationen enthält. Siehe auch: **Plasmide.**

Choleratoxin: von dem Choleraerreger **Vibrio cholerae** produziertes, enzymatisch wirkendes Gift. Es verursacht die Cholera, einen wässrigen Durchfall mit Verlust von Flüssigkeit und Elektrolyten.

Clostridium botulinum: Erreger des Botulismus, einer lebensbedrohlichen Vergiftung, verursacht durch das von den Bakterien produzierte **Botulinumtoxin** (Botox).

Clostridium perfringens: Erreger des Gasbrandes, hauptsächlich durch Wundinfektionen, wobei das Bakterium gewebeschädigende Giftstoffe freisetzt.

Clostridium tetani: Erreger des Wundstarrkrampfes (**Tetanus**). Das Bakterium gelangt über Verletzungen in den Körper. Durch die Produktion des Tetanustoxins, eines Nervengiftes, verursacht es eine häufig tödlich verlaufende Erkrankung.

Coronaviren: Eine Gruppe von **RNA**-Viren, die genetisch hoch variabel und von Tieren auf den Menschen übertragbar sind. Coronaviren haben sich mit dem Auftreten von neuen Erkrankungen (**SARS, MERS und Covid-19**) epidemisch verbreitet. Sie sind Verursacher von unterschiedlich schwer verlaufenden fieberhaften, respiratorischen Erkrankungen.

Corynebacterium diphtheriae: Bakterium, das den Rachenraum des Menschen besiedelt und durch Bildung von **Diphtherietoxin** eine schwere Erkrankung (**Diphtherie**) auslöst.

Covid-19: fieberhafte, unterschiedlich schwer verlaufende Erkrankung, die durch den **Coronavirus SARS-CoV-2** hervorgerufen wird.

CRISPR/Cas: CRISPR sind kurze **DNA**-Abschnitte bei **Prokaryonten**, welche Resistenz gegen fremde, in die Zelle eindringende **DNA** wie der von **Bakteriophagen** und Plasmiden vermitteln. Das dazugehörige **Cas**-Protein zerschneidet die in die Zelle eingedrungene **DNA** an bestimmten Stellen. Die **CRISPR/Cas-Methode** wird als molekularbiologische Technik zur genetischen Veränderung bei Bakterien, Tieren und Pflanzen eingesetzt.

Cyanobakterien: Bakterien (früher als „Blaualgen" bezeichnet) die durch Einlagerung von Farbstoffen zur **Photosynthese** befähigt sind.

D

Defensine: Eiweißverbindungen (**Peptide**) bei **Eukaryonten**, die gegen Toxine, Bakterien und Viren aktiv sind und das körpereigene Immunsystem aktivieren.

Denguefieber: durch **Dengue-Viren** ausgelöste, fieberhafte Erkrankung, die schwere Verläufe mit inneren Blutungen annehmen kann.

Desoxyribonukleinsäure: (**DNA**), Erbsubstanz, bestehend aus einer Doppelhelix aus einer unterschiedlich langen Folge von vier unterschiedlichen Nukleotiden (Adenin, Thymin, Cytosin und Guanin). Aus der Folge der **Nukleotide** (A, T, G, C) resultiert die genetische Information, die auf der **DNA** gespeichert ist (siehe auch **Chromosomen, Plasmide**).

Diphtherietoxin: zellschädigender Giftstoff, der von dem Diphtherieerreger **Corynebacterium diphtheriae** produziert wird. Ursächlich verantwortlich für die **Diphtherie** (Erkrankung der Atemwege mit der Gefahr einer Herzschädigung).

DNA: Desoxyribonukleinsäure, Erbsubstanz lebender Organismen (siehe auch **Chromosomen, Plasmide**).

Dysbiose: Störung in der Zusammensetzung des **Mikrobioms** mit schädlichen Folgen für den menschlichen Organismus.

E

Ebola: Ebolafieber, häufig tödlich verlaufende, mit Blutungen verbundene Infektionskrankheit, die durch Ebolaviren hervorgerufen wird.

EHEC (<u>E</u>ntero<u>h</u>ämorrhagische *E. coli*): Bakterien, die durch Produktion von **Shigatoxinen** blutigen Durchfall und Nierenversagen (**HUS**) hervorrufen.

Endemie: über lange Zeiträume vorkommende, von bestimmten Erregern verursachte Erkrankungen innerhalb eines geografischen Raumes (z. B. Malaria-Endemiegebiete). Gegenteil: **Epidemie**.

Endosymbiont(en): In einen Körper oder seinen Zellen aufgenommener Organismus, der mit diesem im Zustand der **Symbiose** lebt (**Mitochondrien, Chloroplasten**).

Endokrine Disruptoren: Synthetisch hergestellte Substanzen (**Pestizide, Herbizide,** Kunststoffe, Pharmazeutika), die in die Umwelt gelangen und hormonähnlich auf Menschen und andere Organismen wirken. Neben der Erzeugung von Stoffwechsel- und Fertilitätsstörungen sind endokrine Disruptoren an der Entstehung von Krebs beteiligt.

Endozytose: Aufnahme von Stoffen bei **Eukaryonten** durch Einstülpung der Zellmembran.

Enterohämorrhagische E. coli : siehe **EHEC**

Enzym: Biokatalysator, der Stoffwechselprozesse in Organismen steuert. Enzyme sind häufig **Proteine**.

Epidemie: auf einen Erregertyp bezogener, spontan auftretender Krankheitsausbruch mit hohem Ansteckungs- und Verbreitungspotential (Gegenteil: **Endemie**).

Epigenetik: Bezeichnung für Prozesse, bei denen die unterschiedliche Ausprägung genetischer Informationen (**Phänotypen**) unabhängig von Veränderungen an der **Nukleotidsequenz** der **DNA** selbst erfolgt.

Epithelzellen: Zellen der inneren und äußeren Körperoberflächen (Haut, Schleimhaut, Darm etc.).

Escherichia coli (E. coli): bakterieller Bewohner und **Symbiont** im Darmtrakt von Menschen und Tieren. Einige **pathogene** E. coli können

Darmerkrankungen sowie Infektionen der inneren Organe verursachen.

Eukaryo(n)t: eine Zelle (oder ein Organismus), bei der das Erbgut in einem Zellkern als **Organelle** abgeschlossen in den Zellen vorliegt. Pilze, Pflanzen, Tiere und Menschen gehören zu den **Eukaryonten**. Gegenteil: **Prokaryo(n)t**).

F

Fakultativ pathogen: Mikroorganismus, der nur unter bestimmten Voraussetzungen als Krankheitserreger fungiert. Gegenteil: **obligat pathogen**.

Ferritin: Proteinkomplex zur Speicherung von Eisen in Menschen, Tieren, Pflanzen und Bakterien.

Fimbrien: Siehe **Pili**.

Firmicutes: Ein artenreicher Stamm von Bakterien aus mehreren **Gattungen**, die zur normalen Flora des Magen-Darmsystems gehören.

Flagellen (Geißeln): längliche, bewegliche aus **Proteinen** bestehende Fortsätze an der Zellwand bei **Prokaryonten** und **Protozoen,** die zur Fortbewegung dienen.

Framing: Deutung von Nachrichten, Informationen und Themen, die Wertungen einschließlich von moralischer Beurteilung beinhalten. Ziel des Framings ist, die Informationsempfänger in einem gewünschten Sinn zu beeinflussen.

Fusobacterium nucleatum: Bakterium der Mundhöhle, Verursacher von Zahnfleisch- und Dickdarmentzündungen. F. nucleatum fördert die Entstehung von Dickdarmkrebs.

G

Gattung: in der Hierarchie der Lebewesen oberhalb der **Art (Spezies)** stehende Rangstufe. Eine Gattung fasst verschiedene **Spezies** mit gemeinsamen Merkmalen zusammen.

Gelbfieber: durch Gelbfieberviren hervorgerufene fieberhafte Infektionskrankheit, die durch schwere Verläufe gekennzeichnet ist.

Genom: Gesamtheit des Erbguts eines Lebewesens oder eines Viruspartikels (**DNA** bzw. **RNA**).

Genotyp: genetische Zusammensetzung eines Organismus.

Gensonde: Mittel zum Aufspüren von spezifischen genetischen Sequenzen in Untersuchungsmaterial. Gensonden bestehen aus definierten Reihenfolgen von miteinander verknüpften **Nukleotiden** (Polynukleotide). Sie binden an der den ihnen entsprechenden, komplementären Sequenzen (**DNA** oder **RNA**).

Geißeln: Siehe **Flagellen**.

Glucose (Dextrose, Traubenzucker, D-Glucose): Hauptenergiequelle der lebenden Organismen.

Gonorrhoe (Tripper): sexuell übertragbare, bakterielle Infektionskrankheit durch **Neisseria gonorrhoeae.**

Granulozyten: Zellen des Immunsystems, die im Knochenmark entstehen und vielfältige Aufgaben bei der Immunabwehr übernehmen.

H

HAV, HBV, HCV: Leberentzündung (Hepatitis) verursachende Virustypen, die in Hepatitis-A (HAV), Hepatitis-B (HBV) und Hepatitis-C (HCV) eingeteilt werden.

HCoV: Humane Coronaviren, die bei Menschen Infektionen auslösen. Bisher sind sieben verschiedene HCoV Typen, die unterschiedlich schwere Erkrankungen der Atemwege hervorrufen können, bekannt.

Helicobacter pylori: Bakterium im Magen, das als Verursacher von Geschwüren und Magenkrebs eingestuft wird.

Henneguya salminicola: ein bei Fischen vorkommender Parasit. Der bisher einzige bekannte **eukaryotische** Organismus, der ohne Sauerstoff und **Mitochondrien** existiert.

Herbizide: chemische Substanzen mit abtötender Wirkung auf bestimmte Pflanzen (Selektivherbizide) oder alle Pflanzenarten (Totalherbizide).

Heterotroph: Organismen, die zu ihrem Aufbau organische Stoffe aus anderen Organismen benötigen. Hierzu gehören Tiere, Pilze und viele Bakterien. Gegenteil: **autotroph**.

HERV: humane endogene **Retroviren**

HIV: Human Immunodeficiency Virus, Verursacher von **AIDS**

HLA-System (**H**uman-**L**eukocyte-**A**ntigen-System): Sammelbegriff für Gene mit Einfluss auf die Funktion und Spezifität des menschlichen Immunsystems.

Holobiont: Gesamtlebewesen, das aus einer Gemeinschaft von Mikroorganismen (**Prokaryonten**) mit einem höheren (**eukaryonten**) Organismus besteht.

Horizontaler Gentransfer: direkte und indirekte Übertragung genetischer Informationen auf verwandte und nicht verwandte Organismen. Er steht im Gegensatz zum vertikalen Gentransfer, bei dem das Erbgut durch Teilung auf die Tochterzellen oder bei der Fortpflanzung auf die Nachfolgegeneration weitergegeben wird.

HUS: **H**ämolytisch-**U**rämisches-**S**yndrom. Durch Schädigung der Blutgefäße auftretende Funktionsstörung der Nieren bis hin zum völligen Ausfall des Organs.

Hybride: Nachkommen aus der (geschlechtlichen) Fortpflanzung verschiedener Zuchtlinien, Sorten und **Arten** (**Spezies**) von Lebewesen.

I

Influenza: durch verschiedene Typen (A-D) von **Influenzaviren** verursachte Grippeerkrankung.

Ionenstärke: chemische Aktivität gelöster, elektrisch geladener Teilchen (Ionen).

K

Klebsiellen: Umweltkeime, die bei immungeschwächten Menschen Infektionen der inneren Organe auslösen können.

Klon(e): genetisch identische Kopien eines Organismus.

Kommensale: Mikroorganismus, der höhere Lebewesen besiedelt und zur normalen Flora des jeweiligen Organismus gehört (Darmflora, Hautflora etc.)

Konfokale Mikroskopie: spezielles lichtmikroskopisches Verfahren mit hoher Bildqualität.

Konjugation: (Para)sexueller Genaustausch zwischen Bakterien.

Kreuzimmunität: Durch die Infektion mit einem Krankheitserreger hervorgerufene Immunität gegen verwandte oder ähnliche Organismen.

L

Lactoferrin: eisenbindendes Protein bei Säuge- und anderen Tieren mit antiviralen und antibakteriellen Eigenschaften.

Leaky Gut Syndrom (engl.): Störung der Barrierefunktion der Darmschleimhaut mit erhöhter Durchlässigkeit für (schädliche) bakterielle Stoffwechselprodukte.

Leptin: Hormon, das an der Regulation des Hunger- und Sättigungsgefühls beteiligt ist.

Letalität: Häufigkeit, an einer Erkrankung oder Vergiftung zu sterben.

Leukozyten: weiße Blutkörperchen, Zellen des Immunsystems.

Lipide: Überwiegend wasserunlösliche Naturstoffe mit vielfältigen Aufgaben in der Zelle. Neben **Proteinen**, Kohlenhydraten und **Nukleinsäuren** die vierte Stoffklasse von Bausteinen lebender Organismen.

Lipocaline: Eiweißstoffe (**Proteine**), die wasserunlösliche Moleküle binden und in die Körperzellen transportieren.

Lyse: Auflösung und Zerfall organischen Materials beispielsweise der Zellwand. Siehe auch **Lysogenisierung**.

Lysogenisierung: Integration von **Bakteriophagen-DNA** in das Genom einer Bakterienzelle. Die **Phagen-DNA** vermehrt sich bei jeder Teilung des Bakteriums als Bestandteil des Genoms und wird an die Tochterzellen weitergegeben. Der integrierte Phage ist häufig **lysogen**, d. h., er kann jederzeit aktiv werden, sich im Bakterium vermehren und es **lysieren**.

M

Makrophagen: Zellen des Immunsystems, die körperfremdes Material, wie beispielsweise Mikroorganismen, aufnehmen und zerstören.

Melatonin: Hormon, das den Tag-Nacht-Rhythmus des Menschen steuert.

Meningitis: Gehirnhautentzündung, kann durch Viren und Bakterien hervorgerufen werden.

Meningokokken: bakterielle Erreger (Neisseria meningitidis) von Gehirnhautentzündung.

MERS (Middle East Respiratory Syndrome): Durch **MERS-CoV** verursachte, schwer verlaufende Atemwegserkrankung bei Menschen.

MERS-CoV: im Mittleren Osten 2012 aufgetretene Variante des **Coronavirus**.

Metabolite: Produkte aus Stoffwechselvorgängen verschiedener Organismen.

Metagenom: Die Summe der genetischen Eigenschaften von Mikroorganismen in einem bestimmten Lebensraum oder einer Gemeinschaft.

Mikrobiom: Gesamtheit der Mikroorganismen (Bakterien und Pilze) bezogen auf einen Organismus (Mikrobiom des Menschen) oder eines Habitats (Gewässer, Boden).

Mimikry: in der Biologie Nachahmung von äußerlichen Signalen oder Merkmalen, um Fressfeinde abzuschrecken oder Beuteorganismen anzulocken.

Mitochondrien: Zellorganellen bei **Eukaryonten**, die unter anderem für Energieleistungen und die Entwicklung des angeborenen Immunsystems verantwortlich sind.

Monozyten: im Blut befindliche Immunzellen, Vorläufer der **Makrophagen**.

Multiresistenz: Die Eigenschaft von Bakterien gegen Gruppen von **Antibiotika** und Desinfektionsmittel Resistenzen zu entwickeln. Multiresistenzen können auch durch den Einsatz einzelner **Antibiotika** oder Desinfektionsmittel hervorgerufen werden.

Mutation: allgemeine Veränderung des Erbguts, die gegebenenfalls Auswirkung auf den **Phänotyp** hat.

mRNA: (messenger **RNA**). **Ribonukleinsäure** mit deren Hilfe die genetische Information zum Aufbau von Proteinen an den **Ribosomen** in der Zelle erfolgt.

Mycobacterium tuberculosis (Tuberkelbazillus): Erreger der Tuberkulose bei Tieren und Menschen.

N

NANA (N-Acetylneuraminsäure): häufig vorkommender Bestandteil der Zellmembran bei Menschen.

Neisseria gonorrhoeae (Gonokokken): Bakterien, die bei Menschen die Gonorrhoe (Tripper), eine sexuell übertragbare Erkrankung, hervorrufen.

Neisseria meningitidis (Meningokokken): Bakterien, die den Nasen-Rachen-Raum von Menschen besiedeln. Sie können fieberhafte Erkrankungen und **Meningitis** erzeugen.

Neurotransmitter: Botenstoffe, die an der Reizleitung des Nervensystems als Überträger von Impulsen an den Nervenenden beteiligt sind.

Noroviren: RNA-Viren, die Erbrechen und Durchfall bei Menschen verursachen.

Nosokomial: Im Krankenhaus erworben, bezieht sich häufig auf Infektionen.

Nukleotide: Bausteine der Nukleinsäuren (**DNA** und **RNA**).

Nukleinsäuren: Siehe **DNA** und **RNA**.

O

O157: Ein sehr virulenter **EHEC-Serotyp**, der blutigen Durchfall und HUS verursacht.

Obligat pathogen: Mikroorganismus, dessen Eigenschaft als Krankheitserreger eindeutig ist. Gegenteil: **fakultativ pathogen**.

Organell(e): auch Zellorganelle, ein von einer Membran abgeschlossener Funktionsbereich innerhalb einer Zelle mit speziellen Aufgaben (**Zellkern**, **Mitochondrien**, **Chloroplasten** u. a.).

Oxidativer Stress: ein Übermaß an reaktiven Sauerstoffverbindungen im Organismus, das zur Zellschädigung und Alterungsprozessen beiträgt.

P

Pandemie: Eine **Epidemie** mit geographischer Ausbreitung über mehrere Länder bzw. Kontinente, wie Pest, Malaria und **Covid-19**.

Panspermie: Verbreitung des Lebens im Weltraum über interplanetare und interstellare Distanzen.

Papillomaviren: die Haut und Schleimhäute infizierende Viren, die gutartige und bösartige Tumore hervorrufen können.

Pathogenität: die Fähigkeit eines Organismus, andere Organismen zu schädigen und Krankheiten zu erzeugen. Siehe auch **Virulenz**.

PCR: (<u>P</u>olymerase-<u>C</u>hain-<u>R</u>eaction) Polymerasekettenreaktion. Enzymatisch gesteuertes Verfahren zur Vervielfältigung von Nukleinsäureabschnitten.

Penicillium: Schimmelpilz, der das Antibiotikum Penicillin produziert.

Persistenz: in der Medizin das Überdauern von Krankheitserregern in einer Umgebung oder in Wirtsorganismen.

Pestizide: Chemikalien mit schädlicher Wirkung auf bestimmte oder verschiedene Lebewesen. Beispiel: Insektizide.

pH-Wert: Maß auf einer Skala von 0 bis 14 für den sauren bzw. alkalischen Charakter von wässrigen Lösungen.

Phagen: Siehe **Bakteriophagen**.

Phänotyp: allgemeiner Begriff für die Ausprägung genetischer Merkmale (**Genotyp**)

Photosynthese: Aufbau organischer Verbindungen aus anorganischen Molekülen mit Hilfe von Lichtenergie.

Pili (Fimbrien): haarförmige Fortsätze an der äußeren Zellwand von Bakterien, die zur Anheftung an Oberflächen aller Art und zum Genaustausch (**Konjugation**) dienen.

Plasmide: ringförmige **DNA**-Strukturen in Bakterien und Archaeen außerhalb des Chromosoms mit unterschiedlichen genetischen Informationen (**Konjugation**, Resistenz, **Colicin**).

Plasmodium falciparum: in den Tropen vorkommendes, parasitisches **Protozoon**, ein Erreger der Malaria.

Pneumokokken: bakterielle Erreger von Atemwegserkrankungen. Ihre **Virulenz** wird durch den Besitz einer **Polysaccharidkapsel** bestimmt, welche die Bakterien vor Angriffen des Immunsystems schützt.

Pocken: bei Menschen durch **Variola**-Viren hervorgerufene fieberhafte Infektionskrankheit, die durch Pustelbildung auf der Haut gekennzeichnet ist und schwere bis tödliche Verläufe zeigt.

Pockenviren: Eine Gruppe von unterschiedlichen Viren, die bei Menschen und Tieren Pockenerkrankungen hervorrufen. Das **Variola**-Virus gilt als Erreger der häufig tödlichen Pocken bei Menschen.

Polio (Poliomyelitis, Kinderlähmung): Eine durch Polioviren erzeugte Infektionskrankheit, die zu Lähmungen führen kann.

Polysaccharide: vernetzte Zuckerverbindungen (Kohlenhydrate), elementare Bestandteile im Aufbau von **Prokaryonten** und **Eukaryonten**.

Präbiotika: Lebensmittel, deren Stoffwechselprodukte durch das **Mikrobiom** gesundheitsfördernd wirken.

Primaten: Unterklasse der höheren Säugetiere, zu denen auch die Menschen gehören.

Probiotika: lebende Mikroorganismen aus Lebensmitteln (Joghurt etc.) oder Präparaten, welche zur Sanierung des Darm**mikrobiom**s beispielsweise nach Antibiotikatherapie eingesetzt werden.

Prokaryo(n)t: Lebewesen, bei dem das Erbgut frei in der Zelle und nicht in einem Zellkern abgeschlossen vorliegt. Zu diesen gehören die Bakterien und die **Archaeen**. Siehe auch **Eukaryo(n)t**.

Proteine: aus **Aminosäuren** zusammengesetzte Eiweißverbindungen mit räumlicher Struktur. Proteine haben unterschiedliche Größen und Aufgaben im Aufbau und Leistungen von Zellen sowie in Stoffwechselprozessen.

Protobakterien: Bakterien, die als Vorstufe der **Mitochondrien** gelten.

Protozoen: eukaryotische Einzeller, die im Boden und im Wasser in zahlreichen Arten zu finden sind. Einige **Spezies** verursachen als Parasiten schwere Erkrankungen des Menschen (Malaria, Schlafkrankheit).

Pseudomonaden: Gattung von Bakterien, die hauptsächlich in der Umwelt vorkommen. Einige Pseudomonaden sind **fakultativ pathogen**.

R

Rekombination: Neuanordnung von genetischem Material durch Genaustausch als Teil des Evolutionsprozesses.

Retroviren: Eine Klasse von **RNA**-Viren, die Infektionen bei Tieren und Menschen verursachen können. Endogene Retroviren bzw. deren Fragmente sind in den Chromosomen von Tieren und Menschen integriert und können als „Proviren" weitervererbt werden (**HERV**).

Reverse Transkriptase: Enzym aus **RNA**-Viren, welches **RNA** in komplementäre **DNA** umschreibt. Es wird für die Durchführung **RT-PCR** zum

Nachweis von **RNA**-Viren verwendet.

Rezeptor: Teil eines Gewebes, einer Zelle, die mit bestimmten Molekülen (Hormone, Botenstoffe) oder Mikroorganismen (Viren, Bakterien) reagiert, wodurch physiologische Prozesse, bzw. Infektionen ermöglicht werden.

Ribosomen: „Proteinfabriken" der Zellen, an denen für den Organismus notwendige Eiweißverbindungen (Proteine) hergestellt werden. Die Zusammensetzung der Proteine erfolgt nach der auf der **DNA** (Erbsubstanz) vorliegenden genetischen Information über die **mRNA** als Mittler.

Ribonukleinsäure (RNA): Die **RNA** hat als **Nukleinsäure** neben der **DNA** vielfältige Funktionen. Sie setzt sich aus den gleichen **Nukleotiden** wie die **DNA** zusammen, nur dass anstelle von Thymin, das **Nukleotid** Uracil eingebaut wird. **RNA** ist Träger der genetischen Information vieler Viren. Als r**RNA** ist sie der Hauptbestandteil der **Ribosomen**. Als m**RNA** dient sie zur Übersetzung von genetischer Information in Eiweißstoffe (**Proteine**). Die t**RNA** fungiert als Transportmittel von Aminosäuren, die zu Proteinen zusammengesetzt werden. Weitere, sogenannte nichtcodierende **RNA**s spielen bei Regulationsvorgängen in der Zelle eine Rolle.

RNA: siehe **Ribonukleinsäure**

S

SARS: S̲chweres A̲kutes R̲espiratorisches S̲yndrom. Häufig schwer verlaufende Erkrankung der Atemwege, die durch Infektion mit **SARS-CoV-1** hervorgerufen wird.

SARS-CoV-1: Variante des Coronavirus, Erreger von **SARS**.

SARS-CoV-2: Variante des Coronavirus, Erreger von **Covid-19**.

Salmonellen: Gattung von Enterobakterien, welche durch den Verzehr verseuchter Lebensmittel auf Menschen übertragen werden und unterschiedlich schwer verlaufende Darminfektionen verursachen.

Salmonella Typhi: ein **Serotyp** von **Salmonellen**, der schwere innere Erkrankungen bei Menschen hervorruft.

SCFAs: (S̲hort C̲hain F̲atty A̲cids), kurzkettige Fettsäuren. **SCFAs** entstehen durch den Abbau von für den Menschen unverdaulichen Kohlenhydraten (Ballaststoffe) durch Bakterien der Darmflora. Sie erfüllen wichtige Funktionen als Energiequelle für die Darmzellen und zur Regulation physiologischer Prozesse.

Scharlach: durch Streptokokken hervorgerufene, fieberhafte Infektionskrankheit.

Selektion: in der Biologie durch Umwelt- oder andere Bedingungen beeinflusste positive oder negative Auslese von Lebewesen aufgrund bestehender genetischer Merkmale (siehe auch **Mutation**).

Sequenzierung: in der Biologie Aufschlüsselung der Zusammensetzung von **Nukleinsäuren** (**DNA, RNA**) und **Proteinen.**

Sepsis (Blutvergiftung): Entzündungsprozess im Körper, der durch Streuung und Vermehrung von Mikroorganismen im Blutkreislauf erzeugt wird.

Serratien: Gattung von Bakterien, die in der Umwelt, aber auch im menschlichen Darm vorkommen. Manche Arten sind **fakultativ pathogen.**

Serotonin: überwiegend im Darm gebildetes Hormon, das als **Neurotransmitter** auf das Herz-Kreislaufsystem, dem Magen-Darm-Trakt und das Nervensystem wirkt.

Serotyp: unterschiedliche Zusammensetzung der Oberfläche von Bakterien und Viren, die mit spezifischen Antiseren nachgewiesen werden kann. Serotypen werden mit Nummern oder Zahlen bezeichnet, um die Krankheitserreger definieren zu können.

Shigatoxine: von EHEC und bestimmten Shigellen produzierte Giftstoffe, welche zum Absterben von Körperzellen und schweren Krankheitsbildern bei Menschen führen.

Shigellen: Gruppe von Enterobakterien, die eng mit **Escherichia coli** verwandt sind. **Shigellen** verursachen leichte bis schwere entzündliche Darmerkrankungen (Shigellenruhr) mit Durchfall bei Menschen.

Short Tandem Repeats: kurze, sich wiederholende, individuell unterschiedliche **DNA**-Abschnitte auf Chromosomen des Menschen und anderen **Eukaryonten**. Sie werden in der Kriminalistik und bei der Vaterschaftsanalyse zur Identifizierung von Individuen herangezogen.

Siderophoren: Eisenaufnahmesysteme von Organismen, hauptsächlich bei Bakterien, Pilzen und Pflanzen.

Spezies **(Art)**: biologische Verwandtschaftsbezeichnung für Gruppen (Subspezies, Rassen, Zuchtlinien) von Lebewesen, die sich untereinander fortpflanzen können.

Spike-Proteine: unterschiedlich aufgebaute Proteine an der Oberfläche von bestimmten Viren, mit denen sich diese an menschliche bzw. tierische Körperzellen anheften, um diese zu infizieren.

Staphylokokken: Bakterien, welche die Haut und die Schleimhäute besiedeln. Bestimmte Vertreter verursachen Lebensmittelvergiftungen, Infektionen der Haut und der inneren Organe.

Streptomyceten: artenreiche Familie von sporenbildenden, im Boden vorkommenden Bakterien. Einige Arten produzieren Antibiotika.

Streptococcus pneumoniae (Pneumokokken): Bakterien, die den Nasen-Rachen-Raum besiedeln und besonders bei immungeschwächten Menschen Infektionen hervorrufen können.

Symbiose: Zusammenleben von zwei oder mehr Arten von Organismen zum gegenseitigen Nutzen. (Siehe auch **Endosymbionten**).

Syncytin: Von **endogenen Retroviren (HERV)** in höheren Säugetieren abstammendes **Protein,** das eine wichtige Rolle bei der Ausbildung der Plazenta und somit bei der Fortpflanzung spielt.

Syphilis: siehe **Treponema pallidum**

T

T-Zellen: weiße Blutkörperchen (Thymuszellen) als Teil des Immunsystems, die an der Entstehung von Antikörpern und der zellulären Immunabwehr beteiligt sind.

Tetanus: Wundstarrkrampf, häufig tödlich verlaufende Erkrankung, die durch das von **Clostridium tetani** produzierte **Tetanustoxin** hervorgerufen wird.

Toxine: von Organismen abgesonderte Giftstoffe, die andere Lebewesen schädigen.

Toxoide: Abkömmling eines Toxins ohne giftige Wirkung. Als dem ursprünglichen Toxin ähnliche Moleküle werden Toxoide zur Immunisierung gegen das native Toxin verwendet.

Transduktion: Übertragung von genetischer Information auf Bakterien durch Infektion mit **Bakteriophagen.**

Transferrin: Transportprotein für Eisen bei Wirbeltieren.

Transformation: Aufnahme freier **DNA** aus der Umgebung durch Bakterien mit anschließender Integration der **DNA** in das Bakteriengenom.

Treponema pallidum: Bakterium aus der Familie der Spirochäten, Erreger der Geschlechtskrankheit **Syphilis.**

Trypanosoma brucei: in Teilen Afrikas vorkommendes, parasitisches **Protozoon** als Erreger der Schlafkrankheit.

Typhus: durch **Salmonella Typhi** hervorgerufene, schwer verlaufende Infektionskrankheit des Menschen.

U

Urease: Harnstoff spaltendes **Enzym**, das bei Bakterien häufig vorkommt.

V

Vakuolen: von Membranen abgeschlossene Bereiche innerhalb von Zellen mit Speicher- und anderen Funktionen bei Pflanzen und Pilzen.

Vaccinia: als **Pocken**impfstoff und **Vektor** verwendetes Virus, das keine Erkrankungen bei Menschen hervorruft.

Vakzin: Impfstoff

Variola-Virus: Der Erreger der **Pocken** bei Menschen

Vegetatives Nervensystem: vom Willen nicht beeinflussbarer Teil des Nervensystems zur Steuerung der Atmung, der Verdauung, des Stoffwechsels und weiterer Funktionen.

Vektorvirus: Ein gentechnisch verändertes Virus, das Erbinformation aus einem fremden Organismus enthält. Vektorviren werden zu Impfzwecken benutzt, um gegen die ihnen „eingebaute Eigenschaft" aus einem Krankheitserreger Immunität zu erzeugen.

Vibrio cholerae: Cholerabakterien, die durch Produktion des **Choleratoxins** Durchfall und starken Flüssigkeits- und Elektrolytverlust bei Menschen verursachen.

Virulenz: Grad der wirtsschädigenden Eigenschaften eines **pathogenen** Organismus.

VSG (Variant Surface Glycoprotein): variable Oberflächenproteinstruktur bei **Trypanosomen**. Entscheidender Faktor bei der **Antigenvariation.**

W

Wachstumsförderer: toxische, karzinogene, hormonell oder antibiotisch wirkende Chemikalien, die in der Tiermast zur schnelleren Gewichtszunahme eingesetzt werden.

Wanderröte (Erythema migrans): charakteristische Hautrötung, die im ersten Stadium der **Borreliose** auftritt.

Y

Yersinia pestis: Erreger der Pest, hervorgegangen aus **Yersinia pseudotuberculosis**, gehört zu den Enterobakterien.

Yersinia pseudotuberculosis: Enterobakterium, verursacht Darminfektionen bei Menschen. Genetischer Vorläufer des Pesterregers **Yersinia pestis.**

Z

Zellkern: ein **Organell** in den Zellen höherer Organismen, welches das Erbgut (**DNA**) enthält (siehe auch: **Prokaryonten** und **Eukaryonten**).

Zytokine: von Zellen des Immunsystems produzierte Botenstoffe, die bei der Immunabwehr von Infektionserregern eine wichtige Rolle spielen und Entzündungsreaktionen steuern..

37. Literaturverzeichnis

Die hier aufgeführten Arbeiten sind überwiegend aus der biomedizinischen Datenbank PubMed (MEDLINE) frei erhältlich:
https://www.ncbi.nlm.nih.gov/pubmed/?term=

Kapitel 1
Gross J, Bhattacharya D. Uniting sex and eukaryote origins in an emerging oxygenic world. Biol Direct. 2010 Aug 23; 5:53

Davenport ER, Sanders JG, Song SJ, Amato KR, Clark AG, Knight R. The human microbiome in evolution. BMC Biol. 2017 Dec 27; 15(1):127

Guerrero R, Margulis L, Berlanga M. Symbiogenesis: the holobiont as a unit of evolution. Int Microbiol. 2013 Sep; 16(3): 133-43

Roger AJ, Muñoz-Gómez SA, Kamikawa R. The Origin and Diversification of Mitochondria. Curr Biol. 2017 Nov 6; 27(21): R1177-R1192

Yahalomi D, Atkinson SD, Neuhof M, et. al. A cnidarian parasite of salmon (Myxozoa: Henneguya) lacks a mitochondrial genome Proc Natl Acad Sci USA first published February 24, 2020

Maruvada P, Leone V, Kaplan LM, et. al. The human Microbiome and Obesity: Moving beyond Associations. Cell Host Microbe. 2017 Nov 8; 22(5): 589-599

Rajagopala SV, Vashee S, Oldfield LM, et. al. The Human Microbiome and Cancer. Cancer Prev Res (Phila). 2017 Apr;10(4):226-234

Caspani G, Kennedy S, Foster JA, et. al.. Gut microbial metabolites in depression: understanding the biochemical mechanisms. Microb Cell. 2019 Sep 27; 6(10):454-481

Karpiński TM, Adamczak A. Anticancer Activity of Bacterial Proteins and Peptides. Pharmaceutics. 2018 Apr 30;10(2). pii: E54

Bar-On YM, Phillips R, Milo R. The biomass distribution on Earth. Proc Natl Acad Sci U S A. 2018 Jun 19; 115(25): 6506-6511

Kapitel 2
Davenport E, Sanders J, Song S et al. The human microbiome in Evolution. BMC Biol. 2017 Dec 27;15(1):127.

Cani P. Human gut microbiome: hopes, threats and promises. Gut 2018 Sep;67(9):1716-1725

Al Bander Z, Dekker Nitert M, Mousa A. et al. The Gut Microbiota and Inflammation: An Overview. Int J Environ Res Public Health. 2020 Oct 19;17(20):7618

Rajagopala S, Vashee S, Oldfield L, et al. The human Microbiome and Cancer. Cancer Prev Res (Phila). 2017 Apr;10(4):226-234

Caspani G, Kennedy S, Foster J, et al. Gut microbial metabolites in depression:

understanding the biochemical mechanisms. Microb Cell. 2019 Sep 27;6(10):454-481

Maruvada P, Leone V, Kaplan, et al. The Human Microbiome and Obesity: Moving beyond Associations. Cell Host Microbe. 2017 Nov 8;22(5):589-599

Kapitel 3

Nyström T. Conditional senescence in bacteria: death of the immortals. Mol Microbiol. 2003 Apr; 48(1): 17-23

Brinkac L, Voorhies A, Gomez A, et. al. The Threat of Antimicrobial Resistance on the Human Microbiome. Microb Ecol. 2017 Nov; 74(4): 1001-1008

Bengtsson-Palme J, Kristiansson E, Larsson DGJ. Environmental factors influencing the development and spread of antibiotic resistance. FEMS Microbiol Rev. 2018 Jan 1;42(1)

Drake JW, Charlesworth B, Charlesworth D, et. al. Rates of spontaneous mutation. Genetics. 1998 Apr;148(4):1667-86

Kapitel 4

Stenseth NC, Falck W, Bjornstad ON, et. al. Population regulation in snowshoe hare and Canadian lynx: asymmetric food web configurations between hare and lynx. Proc Natl Acad Sci U S A. 1997 May 13; 94(10): 5147-52

Gresham D, Hong J. The functional basis of adaptive evolution in chemostats. FEMS Microbiol Rev. 2015 Jan; 39(1):2-16

Levchenko I, Xu S, Mazouffre S, et. al. Mars Colonization: Beyond Getting There. Glob Chall. 2018 Oct 25;3(1):

Liberti MV, Locasale JW. The Warburg Effect: How Does it Benefit Cancer Cells? Trends Biochem Sci. 2016 Mar; 41(3):211-218

Kapitel 5

Hiltunen T, Virta M, Laine AL. Antibiotic resistance in the wild: an eco-evolutionary perspective. Philos Trans R Soc Lond B Biol Sci. 2017 Jan 19; 372 (1712)

Nicoletti R, Trincone A. Bioactive Compounds Produced by Strains of Penicillium and Talaromyces of Marine Origin. Mar Drugs. 2016 Feb 18;14(2). pii: E37

Ronneau S, Helaine S. Clarifying the Link between Toxin-Antitoxin Modules and Bacterial Persistence. J Mol Biol. 2019 Aug 23; 431(18): 3462-3471

Huang M, Hull CM. Sporulation: how to survive on planet Earth (and beyond). Curr Genet. 2017 Oct; 63(5): 831-838

Kapitel 6

Pauli G., Dr. Blümel J., Burger, R. et al. Orthopox Viruses: Infections in Humans. Transfus Med Hemother. 2010 Dec; 37(6): 351–364

Hayes K. Luk, H., Li, X., et al. , Molecular epidemiology, evolution and phylogeny of SARS coronavirus. Infect Genet Evol. 2019 Jul; 71: 21–30

Jennifer M Dan, Jose Mateus J, Kato Y et al. Immunological memory to SARS-CoV-2 assessed for up to 8 months after infection, Science. 2021 Jan 6;eabf4063

van Dorp, L., Acman, M., Richard, D. Emergence of genomic diversity and recurrent mutations in SARS-CoV-2. Infect Genet Evol. 2020 Sep; 83: 104351

Kapitel 7

Kramer A, Schwebke I, Kampf G. How long do nosocomial pathogens persist on inanimate surfaces? A systematic review. BMC Infect Dis. 2006 Aug 16; 6:130

Thompson SC, Boughton CR, Dore GJ. Blood-borne viruses and their survival in the environment: is public concern about community needlestick exposures justified? Aust N Z J Public Health. 2003 Dec; 27(6): 602-7

Donkor E. Nosocomial Pathogens: An In-Depth Analysis of the Vectorial Potential of Cockroaches. Trop Med Infect Dis. 2019 Jan 17;4(1)

Zacher B, Haller S, Willrich N, et. al. Application of a new methodology and R package reveals a high burden of healthcare-associated infections (HAI) in Germany compared to the average in the European Union/European Economic Area, 2011 to 2012. Euro Surveill. 2019 Nov; 24(46)

Mc Carlie S, Boucher CE, Bragg RR. Molecular basis of bacterial disinfectant resistance. Drug Resist Updat. 2020 Jan; 48:100672

Chen J. Pathogenicity and transmissibility of 2019-nCoV-A quick overview and comparison with other emerging viruses. Microbes Infect. 2020 Feb 4. pii: S1286-4579 (20) 30026-5

Otter JA, Donskey C, Yezli S, et. al. Transmission of SARS and MERS coronaviruses and influenza virus in healthcare settings: the possible role of dry surface contamination. J Hosp Infect. 2016 Mar; 92 (3): 235-50

Han Y, Du J, Su H, et. al. Identification of Diverse Bat Alphacoronaviruses and Betacoronaviruses in China Provides New Insights Into the Evolution and Origin of Coronavirus-Related Diseases. Front Microbiol. 2019 Aug 14; 10:1900

Sun P, Lu X, Xu C, et. al. Understanding of COVID-19 based on current evidence. J Med Virol. 2020 Feb 25

Jadav SS, Kumar A, Ahsan MJ, et. al. Ebola virus: current and future perspectives. Infect Disord Drug Targets. 2015; 15(1): 20-31

Azhar EI, Hui DSC, Memish ZA, et. al. The Middle East Respiratory Syndrome (MERS). Infect Dis Clin North Am. 2019 Dec;33(4):891-905

Maillard J. Resistance of Bacteria to Biocides. Microbiol Spectr 2018 Apr;6(2)

Das P, Choudhuri T. Decoding the global outbreak of COVID-19: the nature is behind the scene. Virusdisease. 2020 Jun;31(2):106-112.

Ioannidis J. Global perspective of COVID 19 epidemiology for a full cycle pandemic. Eur J Clin Invest. 2020 Oct 25 : e13423.

World Health Organization. Influenza Update N° 383 21 December 2020, based on data up to 06 December 2020

Singanayagam A, Patel M, Charlett A et al. Duration of infectiousness and correlation with RT-PCR cycle threshold values in cases of COVID-19, England, January to May 2020. Euro Surveill 2020 Aug;25(32):2001483

Kapitel 8

Taylor LH, Latham SM, Woolhouse ME. Risk factors for human disease emergence. Philos Trans R Soc Lond B Biol Sci. 2001 Jul 29; 356 (1411): 983-9

Freidl GS, Binger T, Müller MA, et. al. Serological evidence of influenza A viruses in frugivorous bats from Africa. PLoS One. 2015 May 12; 10(5): e0127035

Sharmin R, Islam AB. Conserved antigenic sites between MERS-CoV and Bat-coronavirus are revealed through sequence analysis. Source Code Biol Med. 2016 Mar 9; 11:3

Lu R, Zhao X, Li J, et. al. Genomic characterisation and epidemiology of 2019 novel coronavirus: implications for virus origins and receptor binding. Lancet. 2020 Feb 22; 395 (10224): 565-574

Li X, Zai J, Zhao Q, et. al. Evolutionary history, potential intermediate animal host, and cross-species analyses of SARS-CoV-2. J Med Virol. 2020 Feb 27

Peeters M, D'Arc M, Delaporte E. Origin and diversity of human retroviruses. AIDS Rev. 2014 Jan-Mar;16 (1): 23-34

Woolhouse ME, Gowtage-Sequeria S. Host range and emerging and reemerging pathogens. Emerg Infect Dis. 2005 Dec;11 (12): 1842-7

Sant'Anna FH, Reiter KC, Fátima Almeida P, et. al. Systematic review of descriptions of novel bacterial species: evaluation of the twenty-first century taxonomy through text mining. Int J Syst Evol Microbiol. 2020 Feb 25

Devaux CA, Mediannikov O, Medkour H, et. al. Infectious Disease Risk Across the Growing Human-Non Human Primate Interface: A Review of the Evidence. Front Public Health. 2019 Nov 5; 7:305

Subbarao K, The Critical Interspecies Transmission Barrier at the Animal Human Interface. Trop Med Infect Dis. 2019 Apr 25;4(2). pii: E72

Clément L, Dietrich M, Markotter W, et. al. Out of Africa: The origins of the protozoan blood parasites of the Trypanosoma cruzi clade found in bats from Africa. Mol Phylogenet Evol. 2019 Dec 9; 145: 106705

Schirren B, Andersson M, Scherman K, et. al. Polymorphisms at the innate immune receptor TLR2 are associated with Borrelia infection in a wild rodent population. Proc Biol Sci. 2013 Apr 3; 280(1759): 20130364

Kapitel 9

Riera Romo M, Pérez-Martínez D, Castillo Ferrer C. Innate immunity in verte-brates: an overview. Immunology. 2016 Jun; 148(2): 125-39

Agrawal B. Heterologous Immunity: Role in Natural and Vaccine-Induced Re-sistance to Infections. Front Immunol. 2019 Nov 8; 10:2631

Nakamura K, Sakuragi N, Takakuwa A, et. al. Paneth cell α-defensins and enter-ic microbiota in health and disease. Biosci Microbiota Food Health. 2016; 35(2): 57-67

Xu L, Yang H, Gao Y, et. al. CRISPR/Cas9-Mediated CCR5 Ablation in Human Hematopoietic Stem/Progenitor Cells Confers HIV-1 Resistance In Vivo. Mol Ther. 2017 Aug 2;25(8):1782-1789

Kapitel 10

Dong Y, Dai T, Wei Y, Zhang L, et al. A systematic review of SARS-CoV-2 vac-cine candidates. Signal Transduct Target Ther. 2020 Oct 13;5(1):237

Ahmed S, Volkmuth W, Duca J, et al. Antibodies to influenza nucleoprotein cross-react with human hypocretin receptor. Science Translational Medicine. Vol. 7, Issue 294, pp. 294

Grippeimpfung: Wie Pandemrix eine Narkolepsie auslöst. Ärzteblatt 2.7.2015

Liu M. Immunologic Basis of Vaccine Vectors. Immunity. 2010 Oct 29;33(4):504-15

Kapitel 11

Enjuanes L,Zuñiga S, Castaño-Rodriguez C, et al. Molecular Basis of Corona-virus Virulence and Vaccine Development. Adv Virus Res. 2016; 96: 245-286.

Song Z, Xu Y, Bao L. et al From SARS to MERS, Thrusting Coronaviruses into the Spotlight Viruses. 2019 Jan; 11(1): 59.

Doshi P, Will covid-19 vaccines save lives? Current trials aren't designed to tell us. BMJ 2020; 371

Cardozo T, Veazey R. Informed consent disclosure to vaccine trial subjects of risk of COVID-19 vaccines worsening clinical disease. Int J Clin Pract. 2020 Oct 28;e13795.

Zhao J, Yuan Q, Wang H, et. al. Antibody Responses to SARS-CoV-2 in Patients With Novel Coronavirus Disease 2019. Clin Infect Dis. 2020 Nov 19;71(16):2027-2034

Zhang B, Zhou X, Zhu C, et al. Immune Phenotyping Based on the Neutrophil-to-Lymphocyte Ratio and IgG Level Predicts Disease Severity and Outcome for Patients With COVID-19. Front Mol Biosci 2020 Jul 3;7:157.

Sariol A, Perlman S. Lessons for COVID-19 Immunity from Other Coronavirus Infections. Immunity. 2020 Aug 18;53(2):248-263

Lee W, Wheatley A, Kent S et al. Antibody-dependent enhancement and

SARS-CoV-2 vaccines and therapies. Nat Microbiol. 2020 Oct;5(10):1185-1191.

Wen J, Cheng Y, Ling R, et al. Antibody-dependent enhancement of corona-virus. Int J Infect Dis. 2020 Nov;100:483-489

Candia P, Prattichizzo F, Garavelli S, et al. T Cells: Warriors of SARS-CoV-2 In-fection. Trends Immunol. 2020 Nov 13;S1471-4906(20)30260-X.

European Centre for Disease Prevention and Control. Rapid increase of a SARS-CoV-2 variant with multiple spike protein mutations observed in the United Kingdom. 20 December 2020. ECDC: Stockholm; 2020.

Tillett R, Sevinsky J, Hartley P, Genomic evidence for reinfection with SARS-CoV-2: a case study. Lancet Infect Dis. 2021 Jan;21(1):52-58.

Iwasaki A. What reinfections mean for COVID-19. Lancet Infect Dis. 2021 Jan;21(1):3-5.

Kapitel 12

Gordon VD, Wang L. Bacterial mechanosensing: the force will be with you, al-ways. J Cell Sci. 2019 Apr 3; 132(7)

Krefeld CA, Aussignargues C, Zarzycki J, et. al. Bacterial microcompartments. Nat Rev Microbiol. 2018 May;16 (5): 277-290

Falke JJ, Piasta KN. Architecture and signal transduction mechanism of the bac-terial chemosensory array: progress, controversies, and challenges. Curr Opin Struct Biol. 2014 Dec;29:85-94

Jiang F, Doudna JA. CRISPR-Cas9 Structures and Mechanisms. Annu Rev Biophys. 2017 May 22;46:505-529

Gill DM. Bacterial toxins: a table of lethal amounts. Microbiol Rev. 1982 Mar;46(1):86-94

Kostakioti M, Hadjifrangiskou M, Hultgren SJ. Bacterial biofilms: development, dispersal, and therapeutic strategies in the dawn of the postantibiotic era. Cold Spring Harb Perspect Med. 2013 Apr 1;3(4)

Kapitel 13

Mendonsa AM, Na TY, Gumbiner BM. E-cadherin in contact inhibition and can-cer. Oncogene. 2018 Aug;37(35):4769-4780

Eme L, Doolittle WF. Archaea. Curr Biol. 2015 Oct 5;25(19): R851-5

Siliakus MF, van der Oost J, Kengen SWM.Adaptations of archaeal and bacteri-al membranes to variations in temperature, pH and pressure.Extremophiles. 2017 Jul; 21(4): 651-670

Limoli DH, Jones CJ, Wozniak DJ. Bacterial Extracellular Polysaccharides in Bio-film Formation and Function. Microbiol Spectr. 2015 Jun;3(3)

Probst AJ, Moissl-Eichinger C. „Altiarchaeales": uncultivated archaea from the subsurface. Life (Basel). 2015 May 12;5(2): 1381-95

Kapitel 14

Bar-On YM, Phillips R, Milo R. The biomass distribution on Earth. Proc Natl Acad Sci U S A. 2018 Jun 19; 115(25): 6506-6511

Khachikyan A, Milucka J, Littmann S, et. al. Direct Cell Mass Measurements Expand the Role of Small Microorganisms in Nature. Appl Environ Microbiol. 2019 Jul 1; 85(14)

Cooper S. What is the bacterial growth law during the division cycle? J Bacteriol. 1988 Nov; 170 (11): 5001-5

Silvestris E, Lovero D, Palmirotta R. Nutrition and Female Fertility: An Interdependent Correlation. Front Endocrinol (Lausanne). 2019 Jun 7; 10:346

Cariati F, D'Uonno N, Borrillo F, et. al. Bisphenol a: an emerging threat to male fertility. Reprod Biol Endocrinol. 2019 Jan 20; 17(1):6

Wang Y, Liu H, Sun Z. Lamarck rises from his grave: parental environment-induced epigenetic inheritance in model organisms and humans. Biol Rev Camb Philos Soc. 2017 Nov;92 (4): 2084-2111

Stutz AJ. Modeling the pre-industrial roots of modern super-exponential population growth. PL

oS One. 2014 Aug 20; 9(8): e105291

Schmidt E, Kornfeld JW. Decoding Lamarck-transgenerational control of metabolism by noncoding RNAs. Pflugers Arch. 2016 Jun; 468 (6): 959-69

Escher J, Robotti S, Pregnancy drugs, fetal germline epigenome, and risks for next-generation pathology: A call to action, Environ Mol Mutagen2019 Jun; 60(5): 445-454

Brunschweiger, V.: Kinderfrei statt Kinderlos. Ein Manifest. Büchner Verlag, Marburg, 2019

Heinsohn, G.: Söhne und Weltmacht. Terror im Aufstieg und Fall der Nationen. orell füssli Verlag, Zürich, 2019

Kapitel 15

Pimm SL, Russell GJ, Gittleman JL, Brooks TM. The future of biodiversity. Science. 1995 Jul 21; 269 (5222): 347-50

Pimm SL, Raven P. Biodiversity. Extinction by numbers. Nature. 2000 Feb 24;403(6772):843-5

Cooling L. Blood Groups in Infection and Host Susceptibility. Clin Microbiol Rev. 2015 Jul;28(3):801-70

McDermott SR and Noor MA. The role of meiotic drive in hybrid male sterility. Philos Trans R Soc Lond B Biol Sci. 2010 Apr 27; 365 (1544): 1265–1272

Steinmann ZJN, Schipper AM, Hauck M, et. al. Resource Footprints are Good Proxies of Environmental Damage. Environ Sci Technol. 2017 Jun 6; 51(11):

6360–6366

Wang L, Deng Q, Hu H, et. al. Glyphosate induces benign monoclonal gammopathy and promotes multiple myeloma progression in mice. J Hematol Oncol. 2019 Jul 5; 12 (1):70

Kissane Z, Shephard JM. The rise of glyphosate and new opportunities for biosentinel early-warning studies. Conserv Biol. 2017 Dec; 31 (6): 1293-1300

Baru RV, Mohan M. Globalisation and neoliberalism as structural drivers of health inequities. Health Res Policy Syst. 2018 Oct 9;16(Suppl 1):91

Berkeley International Framing Institute. Framingmanual. Unser gemeinsamer, freier Rundfunk ARD

https://netzpolitik.org/2019/wir-veroeffentlichen-das-framing-gutachten-d er-ard/

Kapitel 16

Mariano M, Pino MC, Peretti S, et. al. Understanding criminal behavior: Empathic impairment in criminal offenders. Soc Neurosci. 2017 Aug; 12 (4): 379-385

Parkhill J, Wren BW, Thomson NR, et. al. Genome sequence of Yersinia pestis, the causative agent of plague. Nature. 2001 Oct 4;413(6855):523-7

Demeure CE, Dussurget O, Mas Fiol G, et. al. Yersinia pestis and plague: an updated view on evolution, virulence determinants, immune subversion, vaccination, and diagnostics. Genes Immun. 2019 May; 20 (5): 357-370

Chouikha I, Hinnebusch BJ, Silencing urease: a key evolutionary step that facilitated the adaptation of Yersinia pestis to the flea-borne transmission route. Proc Natl Acad Sci U S A. 2014 Dec 30; 111 (52): 18709-14

Maurelli AT, Fernández RE, Bloch CA, et. al. „Black holes" and bacterial pathogenicity: a large genomic deletion that enhances the virulence of Shigella spp. and enteroinvasive Escherichia coli. Proc Natl Acad Sci U S A. 1998 Mar 31;95 (7): 3943-8

Anderson M, Sansonetti PJ, Marteyn BS. Shigella Diversity and Changing Landscape: Insights for the Twenty-First Century. Front Cell Infect Microbiol. 2016 Apr 19; 6:45

Kapitel 17

Perez RH, Zendo T, Sonomoto K. Circular and Leaderless Bacteriocins: Biosynthesis, Mode of Action, Applications, and Prospects. Front Microbiol. 2018 Sep 4;9: 2085

Hols P, Ledesma-García L, Gabant P, et. al. Mobilization of Microbiota Commensals and Their Bacteriocins for Therapeutics. Trends Microbiol. 2019 Aug;27 (8): 690-702

Zeng Y, Hesketh T. The effects of China's universal two-child policy. Lancet.

2016 Oct 15;388(10054):1930-1938

Heinsohn, Gunnar: Söhne und Weltmacht. Terror im Aufstieg und Fall der Nationen. orell füssli Verlag, Zürich, 2019

Brunschweiger, Verena: Kinderfrei statt Kinderlos. Ein Manifest. Büchner Verlag, Marburg, 2019

Kapitel 18

Cassat JE, Skaar EP. Iron in infection and immunity. Cell Host Microbe. 2013 May 15;13 (5): 509-519

Di Lorenzo M, Stork M. Plasmid-Encoded Iron Uptake Systems. Microbiol Spectr. 2014 Dec; 2(6)

Wilson BR, Bogdan AR, Miyazawa M, et. al. Siderophores in Iron Metabolism: From Mechanism to Therapy Potential. Trends Mol Med. 2016 Dec;22(12):1077-1090

Kapitel 19

Cassat JE, Skaar EP. Iron in infection and immunity. Cell Host Microbe. 2013 May 15; 13(5): 509-519

Peng ED, Oram DM, Battistel MD, et. al. Iron and Zinc Regulate Expression of a Putative ABC Metal Transporter in Corynebacterium diphtheriae. J Bacteriol. 2018 Apr 24; 200(10)

Testa U, Pelosi E, Castelli G. CD123 as a Therapeutic Target in the Treatment of Hematological Malignancies. Cancers (Basel). 2019 Sep 12;11(9)

Dal Peraro M, van der Goot FG. Pore-forming toxins: ancient, but never really out of fashion. Nat Rev Microbiol. 2016 Feb;14(2):77-92

Kapitel 20

Khairul I, Wang QQ, Jiang YH, et. al. Metabolism, toxicity and anticancer activities of arsenic compounds. Oncotarget. 2017 Apr 4;8 (14): 23905-23926

Gama JA, Abby SS, Vieira-Silva S, et. al. Immune subversion and quorum-sensing shape the variation in infectious dose among bacterial pathogens. PLoS Pathog. 2012 Feb; 8(2)

Robert Koch-Institut, Infektionsepidemiologisches Jahrbuch meldepflichtiger Krankheiten für 2018, Datenstand: 1. März 2019, ISBN: 978-3-89606-297-0

Todd EC, Greig JD, Bartleson CA, et. al. Outbreaks where food workers have been implicated in the spread of foodborne disease. Part 4. Infective doses and pathogen carriage. J Food Prot. 2008 Nov;71(11): 2339-73

Saber Yezli & Jonathan A. Otter. Minimum Infective Dose of the Major Human Respiratory and Enteric Viruses Transmitted Through Food and the Environment Food and Environmental Virology 2011 (3)1–30

Genomic epidemiology of superspreading events in Austria reveals mutational dynamics and transmission properties of SARS-CoV-2. Popa A, Genger J, Nicholson M et al. Sci Transl Med 12, 23 November 2020, eabe2555.

Kapitel 21

Jamie GA. Signals, cues and the nature of mimicry. Proc Biol Sci. 2017 Feb 22; 284 (1849)

Doran KS, Fulde M, Gratz N, et. al. Host-pathogen interactions in bacterial meningitis. Acta Neuropathol. 2016 Feb;131(2):185-209

Shao W, Li X, Goraya MU, et. al. Evolution of Influenza A Virus by Mutation and Re-Assortment. Int J Mol Sci. 2017 Aug 7;18 (8)

Kapitel 22

Braun BG. Multiple personality disorder: an overview. Am J Occup Ther. 1990 Nov;44 (11): 971-6

Higgins MK, Carrington M. Sequence variation and structural conservation allows development of novel function and immune evasion in parasite surface protein families. Protein Sci. 2014 Apr; 23(4): 354-65

Palmer GH, Bankhead T, Seifert HS. Antigenic Variation in Bacterial Pathogens. Microbiol Spectr. 2016 Feb;4 (1)

Reperant LA, Grenfell BT, Osterhaus AD. Quantifying the risk of pandemic influenza virus evolution by mutation and re-assortment. Vaccine. 2015 Dec 8;33(49):6955-66

Kapitel 23

Wright NM, Hankins FM. Preventing radicalisation and terrorism: is there a GP response? Br J Gen Pract. 2016 Jun;66(647):288-9

Marazziti D. Is there a role for psychiatry in deepening our understanding of the „suicide bomber"? Int J Psychiatry Clin Pract. 2007;11(2):87-8

Karmali MA. Emerging Public Health Challenges of Shiga

Toxin-Producing Escherichia coli Related to Changes in the Pathogen, the Population, and the Environment. Clin Infect Dis. 2017 Feb 1; 64 (3): 371-376

Beutin L, Martin A. Outbreak of Shiga toxin-producing Escherichia coli (STEC) O104:H4 infection in Germany causes a paradigm shift with regard to human pathogenicity of STEC strains. J Food Prot. 2012 Feb;75(2):408-18

Kapitel 24

Rasetti-Escargueil C, Popoff MR. Antibodies and Vaccines against Botulinum Toxins: Available Measures and Novel Approaches. Toxins (Basel). 2019 Sep 12;11(9)

Cohen JE, Wang R, Shen RF, et. al. Comparative pathogenomics of Clostridium tetani. PLoS One. 2017 Aug 11;12(8)

Kiu R, Hall LJ. An update on the human and animal enteric pathogen Clostridium perfringens. Emerg Microbes Infect. 2018 Aug 6; 7(1): 141

Kapitel 25

Steere AC, Strle F, Wormser GP, et. al. Lyme borreliosis. Nat Rev Dis Primers. 2016 Dec 15;2:16090

Porcella SF, Schwan TG. Borrelia burgdorferi and Treponema pallidum: a comparison of functional genomics, environmental adaptations, and pathogenic mechanisms. J Clin Invest. 2001 Mar;107(6):651-6

Johnson R, Mylona E, Frankel G. Typhoidal Salmonella: Distinctive virulence factors and pathogenesis. Cell Microbiol. 2018 Sep; 20 (9): e12939

Kapitel 26

Clarke M, Maddera L, Harris RL, et. al. F-pili dynamics by live-cell imaging. Proc Natl Acad Sci U S A. 2008 Nov 18;105(46):17978-81

Wang YA, Yu X, Silverman PM, et. al. The structure of F-pili. J Mol Biol. 2009 Jan 9; 385(1): 22-9

Llosa M, Gomis-Rüth FX, Coll M, et. al. Bacterial conjugation: a two-step mechanism for DNA transport. Mol Microbiol. 2002 Jul; 45 (1): 1-8

Lerminiaux NA, Cameron ADS. Horizontal transfer of antibiotic resistance genes in clinical environments. Can J Microbiol. 2019 Jan; 65 (1): 34-44

Wirth T, Falush D, Lan R, et. al. Sex and virulence in Escherichia coli: an evolutionary perspective. Mol Microbiol. 2006 Jun; 60 (5): 1136-51

Drake JW, Charlesworth B, Charlesworth D, Crow JF. Rates of spontaneous mutation. Genetics. 1998 Apr;148(4):1667-86

Kapitel 27

Brinkac L, Voorhies A, Gomez A, et. al. The Threat of Antimicrobial Resistance on the Human Microbiome. Microb Ecol. 2017 Nov; 74 (4): 1001-1008

Lerminiaux NA, Cameron ADS. Horizontal transfer of antibiotic resistance genes in clinical environments. Can J Microbiol. 2019 Jan; 65(1): 34-44

Brüssow H, Canchaya C, Hardt WD. Phages and the evolution of bacterial pathogens: from genomic rearrangements to lysogenic conversion. Microbiol Mol Biol Rev. 2004 Sep; 68(3): 560-602

Colavecchio A, Cadieux B, Lo A, et. al. Bacteriophages Contribute to the Spread of Antibiotic Resistance Genes among Foodborne Pathogens of the Enterobacteriaceae Family - A Review. Front Microbiol. 2017 Jun 20;8:1108

Li G, Liang Z, Wang X, et. al. Addiction of Hypertransformable Pneumococcal Isolates to Natural Transformation for In Vivo Fitness and Virulence. Infect Immun. 2016 May 24; 84(6): 1887-1901

Tokuyama M, Kong Y, Song E, et. al. ERVmap analysis reveals genome-wide transcription of human endogenous retroviruses. Proc Natl Acad Sci U S A. 2018 Dec 11; 115(50): 12565-12572

Kapitel 28

Gorgannezhad L, Stratton H, Nguyen NT. Microfluidic-Based Nucleic Acid Amplification Systems in Microbiology. Micromachines (Basel). 2019 Jun 19; 10 (6)

Esposito S, Mencacci A, Cenci E, et. al. Multiplex Platforms for the Identification of Respiratory Pathogens: Are They Useful in Pediatric Clinical Practice? Front Cell Infect Microbiol. 2019 Jun 4;9: 196

Jaafar R,Aherfi S Wurtz N. et al. Correlation between 3790 qPCR positives samples and positive cell cultures including 1941 SARS-CoV-2 isolates. Clin Infect Dis. 2020 Sep 28;ciaa1491.

Corman V Landt O Kaiser M. et al. Detection of 2019 novel coronavirus (2019-nCoV) by real-time RT-PCR Euro Surveill. 2020 Jan;25(3):2000045.

Borger P., Malhotra R.K., Yeadon M., et. al. External peer review of the RTPCR test to detect SARS-CoV-2 reveals 10 major scientific flaws at the molecular and methodological level: consequences for false positive results. Nov. 2020. publication at: https://www.researchgate.net/publication/346483715

Kapitel 29

Mahr P. Das chinesische Social Credit System - Totalitäre Kontrolle und das Ende der Freiheit oder der Weg zu einer ehrlichen Gesellschaft? Bachelorarbeit. Bauhaus Universität Weimar & Université Lumière Lyon 2. (Wintersemester 20 17/18)

Parson W. Age Estimation with DNA: From Forensic DNA Fingerprinting to Forensic (Epi)Genomics: A Mini-Review. Gerontology. 2018;64(4):326-332

Lee HY, Lee SD, Shin KJ. Forensic DNA methylation profiling from evidence material for investigative leads. BMB Rep. 2016 Jul; 49 (7): 359-69

Kapitel 30

Turksen K. Building barriers. Tissue Barriers. 2017 Oct 2;5 (4)

Thoo L, Noti M, Krebs P. Keep calm: the intestinal barrier at the interface of peace and war. Cell Death Dis. 2019 Nov 7;10 (11) :849

Höfte H, Voxeur A. Plant cell walls. Curr Biol. 2017 Sep 11; 27 (17): R865-R870

Delhaye A, Collet JF, Laloux G. A Fly on the Wall: How Stress Response Systems Can Sense and Respond to Damage to Peptidoglycan. Front Cell Infect Microbiol. 2019 Nov 13;9: 380

Cossart P, Helenius A. Endocytosis of viruses and bacteria. Cold Spring Harb Perspect Biol. 2014 Aug 1; 6(8)

Scally A. Mutation rates and the evolution of germline structure. Philos Trans R Soc Lond B Biol Sci. 2016 Jul 19; 371 (1699)

Brusatte SL. Evolution: How Some Birds Survived When All Other Dinosaurs Died. Curr Biol. 2016 May 23; 26(10): R415-7

Pimm SL, Raven P. Biodiversity. Extinction by numbers. Nature. 2000 Feb 24;403(6772):843-5

Pimm SL, Russell GJ, Gittleman JL, et. al. The future of biodiversity. Science. 1995 Jul 21;269(5222):347-50

Kapitel 31

Kricheldorf, Hans R.: Leben durch chemische Evolution? Springer Verlag, Berlin, 2019

Kiang NY, Domagal-Goldman S, Parenteau MN, et. al. Exoplanet Biosignatures: At the Dawn of a New Era of Planetary Observations. Astrobiology. 2018 Jun;18(6):619-629

Davila AF, Schulze-Makuch D. The Last Possible Outposts for Life on Mars. Astrobiology. 2016 Feb;16(2):159-68

Worth RJ, Sigurdsson S, House CH. Seeding life on the moons of the outer planets via lithopanspermia.Astrobiology. 2013 Dec; 13 (12): 1155-65

Steele EJ, Gorczynski RM, Lindley RA, et. al. Lamarck and Panspermia - On the Efficient Spread of Living Systems Throughout the Cosmos. Prog Biophys Mol Biol. 2019 Dec; 149: 10-32

Huang M, Hull CM. Sporulation: how to survive on planet Earth (and beyond). Curr Genet. 2017 Oct; 63 (5): 831-838

Bryan NC, Christner BC, Guzik TG, et. al. Abundance and survival of microbial aerosols in the troposphere and stratosphere. ISME J. 2019 Nov;13(11):2789-2799

Lopez JV, Peixoto RS, Rosado AS. Inevitable future: space colonization beyond Earth with microbes first. FEMS Microbiol Ecol. 2019 Oct 1;95 (10)

Steele EJ, Al-Mufti S, Augustyn KA, et. al. Cause of Cambrian Explosion - Terrestrial or Cosmic? Prog Biophys Mol Biol. 2018 Aug; 136:3-23

Kapitel 32

Dix DE. What is life? Prerequisites for a definition. Yale J Biol Med. 2002 Sep-Dec;75 (5-6):313-21

Bray D. Limits of computational biology. In Silico Biol. 2015; 12 (1-2): 1-7

Takeuchi N, Hogeweg P, Kaneko K. Conceptualizing the origin of life in terms of evolution. Philos Trans A Math Phys Eng Sci. 2017 Dec 28; 375 (2109)

Landry JJ, Pyl PT, Rausch T, et. al. The genomic and transcriptomic landscape of a HeLa cell line. G3 (Bethesda). 2013 Aug 7; 3(8): 1213-24

Ekwall B. Screening of toxic compounds in mammalian cell cultures. Ann N Y Acad Sci. 1983;407:64-77

Wolf YI, Kazlauskas D, Iranzo J, et. al. Origins and Evolution of the Global RNA Virome. MBio. 2018 Nov 27;9(6). pii: e02329-18.

Koonin EV, Dolja VV, Krupovic M. Origins and evolution of viruses of eukaryotes: The ultimate modularity. Virology. 2015 May;479-480:2-25

Kapitel 33

Van Lommel P1, van Wees R, Meyers V, et. al. Near-death experience in survivors of cardiac arrest: a prospective study in the Netherlands Lancet. 2001 Dec 15; 358 (9298): 2039-45

Kotagama OW, Jayasinghe CD, Abeysinghe T. Era of Genomic Medicine: A Narrative Review on CRISPR Technology as a Potential Therapeutic Tool for Human Diseases. Biomed Res Int. 2019 Oct 7; 2019: 1369682

Steele EJ, Gorczynski RM, Lindley RA, et. al. Lamarck and Panspermia - On the Efficient Spread of Living Systems Throughout the Cosmos. Prog Biophys Mol Biol. 2019 Dec; 149: 10-32

Kricheldorf, Hans R.: Leben durch chemische Evolution? Springer Verlag, Berlin, 2019

IARC Working Group on the Evaluation of Carcinogenic Risk to Humans. Some Organophosphate Insecticides and Herbicides. Lyon (FR): International Agency for Research on Cancer; 2017. IARC Monographs on the Evaluation of Carcinogenic Risks to Humans.

Van Vu T, Sung YW, et. al. Challenges and Perspectives in Homology-Directed Gene Targeting in Monocot Plants. Rice (N Y). 2019 Dec 19; 12 (1):95

Wang Y, Liu H, Sun Z. Lamarck rises from his grave: parental environment-induced epigenetic inheritance in model organisms and humans. Biol Rev Camb Philos Soc. 2017 Nov; 92(4): 2084-2111

Schmidt E, Kornfeld JW. Decoding Lamarck-transgenerational control of metabolism by noncoding RNAs. Pflugers Arch. 2016 Jun;468(6):959-69

Kapitel 34

Olsen E, Fay G, Gaichas S, et. al. Ecosystem Model Skill Assessment. Yes We Can! PLoS One. 2016 Jan 5; 11(1): e0146467

Daam MA, Teixeira H, Lillebø AI, et. al. Establishing causal links between aquatic biodiversity and ecosystem functioning: Status and research needs. Sci Total Environ. 2019 Mar 15; 656:1145-1156

Robinson LA, Blincow HL, Culhane FE, et. al. Identifying barriers, conflict and opportunity in managing aquatic ecosystems. Sci Total Environ. 2019 Feb 15; 651 (Pt 2): 1992-2002

Kapitel 35

Troxler, Ignaz Paul Vital. Elemente der Biosophie, Erscheinungsort: Leipzig, Erscheinungsjahr 1808

Weitere Bücher und mehr Informationen zum Autor finden Sie
auf meiner Homepage:

https://www.lothar-beutin.de/